失敗事例に学ぶ！
「不動産投資」成功の教科書

ふどうさんぽ［編著］
御井屋蒼大［監修］

日本実業出版社

はじめに

この本を手に取っていただき、ありがとうございます。私は、「ふどうさんぽ」を主催している、御井屋蒼大という者です。本書を手にしている皆さんは、「不動産投資家」の方々（これから目指す方も含む）かと思います。

「ふどうさんぽ」とは、不動産投資家を目指す、あるいはすでに不動産を所有しているメンバー（さんぽ仲間）と不動産投資に関する情報交換をするサークルです。主催側の事務局スタッフたちは全員ボランティアですし、参加者の皆さんも飲食や移動費・場所代などの実費以外は無料です。ふどうさんぽでは、不動産を見ながら文字通り散歩するイベントの他、さんぽ仲間の先輩が講師を勤めるセミナー、さんぽ仲間が所有する物件を見学する会など、様々なことを行っています。

本書では、不動産投資における「失敗」にスポットを当てました。私たち「ふどうさんぽ」のメンバーは１０００人を超えており、中心となる主催メンバーは億を超える資産を持つ経験値の高い者たちばかりです。そんな**さんぽ仲間たちから、様々な失敗事例を集めてできたのが、この本なのです。**

皆さんの目の前には、本、インターネットを始め、多くの情報が溢れていることと思います。その中で、なぜ本書を手に取られたのでしょうか。

この本を読んでいらっしゃるのは、不動産オーナーか、もしくはこれから不動産を手に入れようと考えている方でしょう。不動産投資によって得られるものは単純にお金だけではなく、安定、安心、自由な時間、生きがい、別の事業の強固な経済的地盤の構築など、人によって様々だと思います。

でも、恐れることはたった一つ「失敗すること」ですよね。**不動産投資は扱う額が大きいので、一つの失敗が取り返しのつかないほど大きな損失につながる**ことが、多々あります。**そこを抜きにして無計画に投資を始めることは、自殺行為**です。

初心者は「成功のノウハウ」を学びさえすれば自分も成功できると考えています。しかし、一番怖いのは、「失敗に直面した時に対応策が浮かばない」ということなのです。失敗したことだけで頭が真っ白になり、オタオタしている間に全てを失いかねません。

だからこそ、**成功談だけでなく失敗談も学ぶことが重要なのです。そのことに気づいているかどうかで、不動産投資家としての成否は大きく差がつきます。**

つまり、不動産投資をするにあたって本書を手にした皆さんは、非常に目のつけ所が良い、投資家としての資質に恵まれた方たちだということです。

「どのように成功したか」という体験談ももちろん有用ではありますが、「自分にはこの人ほど資産がない」「経験も知識もない」「だからこの人のように成功はできない」と、初心者には応用できないケースも少なくありません。他にも、時代が違う、地方の行政が違う、入居者の客層が違う、など様々な要素が絡み、成功談のようにうまくいかない、と困惑してしまう場合もあると思います。

失敗も同じく無限にケースがあり、他人の失敗がそのまま自分の体験に活かせるわけではありません。しかし、**たくさんの失敗談を知ることで、自分がピンチに直面した時に、冷静に対処できるようになります。先人たちが行った様々な対応策は、目の前の危機を乗り越えるための重要なヒントになるのです。**

ですが、皆さんお気づきのことと思いますが、「失敗」に関する情報は驚くほど少ないのです。「こうすれば成功する」というノウハウは溢れているのに、「こうしたら失敗した」という話がないのは、何か不思議だと思いませんか？　失敗は恥ずかしいものですし、金融機関などに返済危機と取られるのを恐れるため、人前で言わない人が多いのです。

ふどうさんぽでは、すでにオーナーとして成功されている先輩方から、まだ投資の経験のない初心者まで、様々な方が参加されています。彼らは、成功はもちろん、様々な失敗も体験しています。

失敗のたびに知恵を絞り手を尽くしてきた彼ら彼女らの体験談には、事前予防策、事後対応策、失敗しかけている仲間のレスキュー法など、失敗が産みだした匠《たくみ》のワザが溢れています。

同じく不動産投資家であり、ふどうさんぽの賛同者かつゲストスピーカーである菅井敏之さんにも、本書にご協力いただきました。そして、普段はなかなか聞く機会の少ない、貴重な失敗談を提供してくださいました。

「失敗事例にこそ、成功のヒントがある！」という菅井さんの言葉通り、そこには不動産投資を成功に導くヒントが一杯詰まっています。

この本に書かれた失敗事例は、収益不動産の特徴である「中古や新築」「一棟や戸建てや区分マンション」「都心や地方」を包括的にまとめています。また、第2章の失敗事例には、実際に不動産投資を行った時に遭遇する可能性の指標として「発生頻度」を、さらに、もし遭遇してしまった時のインパクトとして「影響度」を付与しているので、参考にしてもらえればと思います。

きっと皆さんが投資家として歩む際の助けになってくれるはずです。

執筆者を代表して　御井屋　蒼大

失敗事例に学ぶ！「不動産投資」成功の教科書

◆目 次◆

はじめに

第1章

不動産投資の失敗は〝成功〟のモト

失敗を学ぶ前に知りたいこと
不動産投資の基本をおさらい 16
これを知っていればもう迷わない！
不動産投資ならではの４つの強み 19
不動産投資家＝経営者
だからこそ失敗談が有効になる！ 24

第2章

みんなの失敗事例

――購入・管理・売却のステージ別に学ぶ解決策――

購入

事例1 不動産屋さんにお説教されてしまった⁉ 28
事例2 不動産屋さんの言うことがウソだらけだった⁉ 32
事例3 不動産屋さんとゼンゼン会話がかみあわなかった⁉ 36
事例4 不動産屋さんが音信不通になってしまった⁉ 40
事例5 ガンバってもガンバっても不動産が買えなかった⁉ 44
事例6 エリアの状況を知らずに購入申込みをしてしまった⁉ 48
事例7 審査基準が突然変更され、ローンが通らなくなった⁉ 52
事例8 不動産が欲しすぎて、融資特約ナシで契約してしまった⁉ 56
事例9 満室だと安心していたら、満室偽装だった⁉ 60

事例10 慣れたと思って、契約書をしっかりチェックしなかった!? 64
事例11 不動産投資の知識がないまま不動産を購入してしまった!? 68
事例12 土地の購入後に土地の境界でお隣さんともめてしまった!? 72
事例13 ハザードマップを調べずに不動産を契約してしまった!? 76
事例14 不動産を買ったらお金がなくなってしまった!? 80
事例15 融資の条件が良くない銀行でお金を借りてしまった!? 82
事例16 仕組みも知らずにサブリースで新築を建ててしまった!? 86
事例17 新築の引き渡し時期が遅れてしまった!? 92
事例18 雨漏りの建物を購入してしまった!? 96
事例19 傾いた家を購入してしまった!? 100
事例20 購入後すぐに水漏れを起こしてしまった!? 104
事例21 満室想定の家賃と入居が決まった家賃が全然違っていた!? 108
事例22 個人名義で購入してしまった!? 114

管理

事例1 お隣さんがタイヘンな人だった!? 120
事例2 管理委託契約の内容をきちんと理解できていなかった!? 124
事例3 募集会社が部屋を募集していなかった!? 128
事例4 満室にしない募集会社にお願いしてしまった!? 132
事例5 募集会社への依頼を必死にやりすぎた!? 136
事例6 入居希望者に部屋を見てもらえなかった!? 142
事例7 管理会社が滞納対応をしてくれなかった!? 144
事例8 地方の管理会社が真剣に対応してくれなかった!? 148
事例9 管理会社の社員がドンドン退社してしまった!? 152
事例10 管理会社が保険の請求の方法を知らなかった!? 156
事例11 敷地内にゴミを不法投棄されてしまった!? 160
事例12 セルフリフォームに苦労させられてしまった!? 164
事例13 セルフリフォームでケガをしてしまった!? 168
事例14 必要以上にリフォームをしてしまった!? 172

事例15 設備を節約したらクレームになってしまった!? 176
事例16 市場のニーズと設備があっていなかった!? 180
事例17 建物名がカッコ悪くて入居者が決まらなかった!? 184
事例18 プロパンガス会社に契約内容を変更されてしまった!? 188
事例19 RCのランニングコストが想定外に高額だった!? 192
事例20 部屋の中で孤独死が発生してしまった!? 198

売却

事例1 ノリと勢いで売却をスタートしてしまった!? 204
事例2 不動産屋さんが物件を売りに出していなかった!? 208
事例3 売却価格を頻繁に変更したら、安くしか売れなかった!? 212
事例4 購入申込みは多かったが、契約までいかなかった!? 218
事例5 売買契約時に買主が現れなかった!? 222
事例6 決済時に買主のお金が足りなかった!? 226

事例7 空室が多い状態で売ることになってしまった!? 228
事例8 購入時に想定した売却額では売却できなかった!? 234
事例9 売却後の資金計画を考えていなかった!? 238
事例10 不動産の売却益を他の資産運用で失ってしまった!? 244

第3章

私だって、もちろん失敗している!!

――先輩投資家、菅井敏之氏へのインタビュー――

OWNER'S TALK
誰にでも失敗はある?
皆が隠したがる失敗談に隠れた成功のヒント 250

第4章

“成功”のために失敗に立ち向かおう!!

失敗事例を通じてわかること
原因は「自分」と「それ以外」に集約できる 266
不動産投資のピンチを救うのは、仲間たち
投資仲間とのつながりが成功のコツ! 268

おわりに

第2章　発生頻度・影響度ポイント解説

発生頻度

星の数		説明
★★★★★	5つ	かなりの頻度で発生する
★★★★	4つ	まあまあ発生する
★★★	3つ	たまに発生する
★★	2つ	まれに発生する
★	1つ	ほとんど発生しない

影響度

星の数		説明
★★★★★	5つ	不動産投資にとって致命傷となる可能性がある
★★★★	4つ	不動産投資にかなりのダメージ
★★★	3つ	不動産投資にとってブレーキとなる
★★	2つ	不動産投資に影響する
★	1つ	不動産投資への影響はほとんどない

カバーデザイン／志岐デザイン（萩原 睦）
カバーイラスト／カワチ・レン
本文イラスト／横井智美
本文デザイン・DTP／初見弘一（TOMORROW FROM HERE）
編集協力／長谷川京子

第 1 章

不動産投資の失敗は“成功”のモト

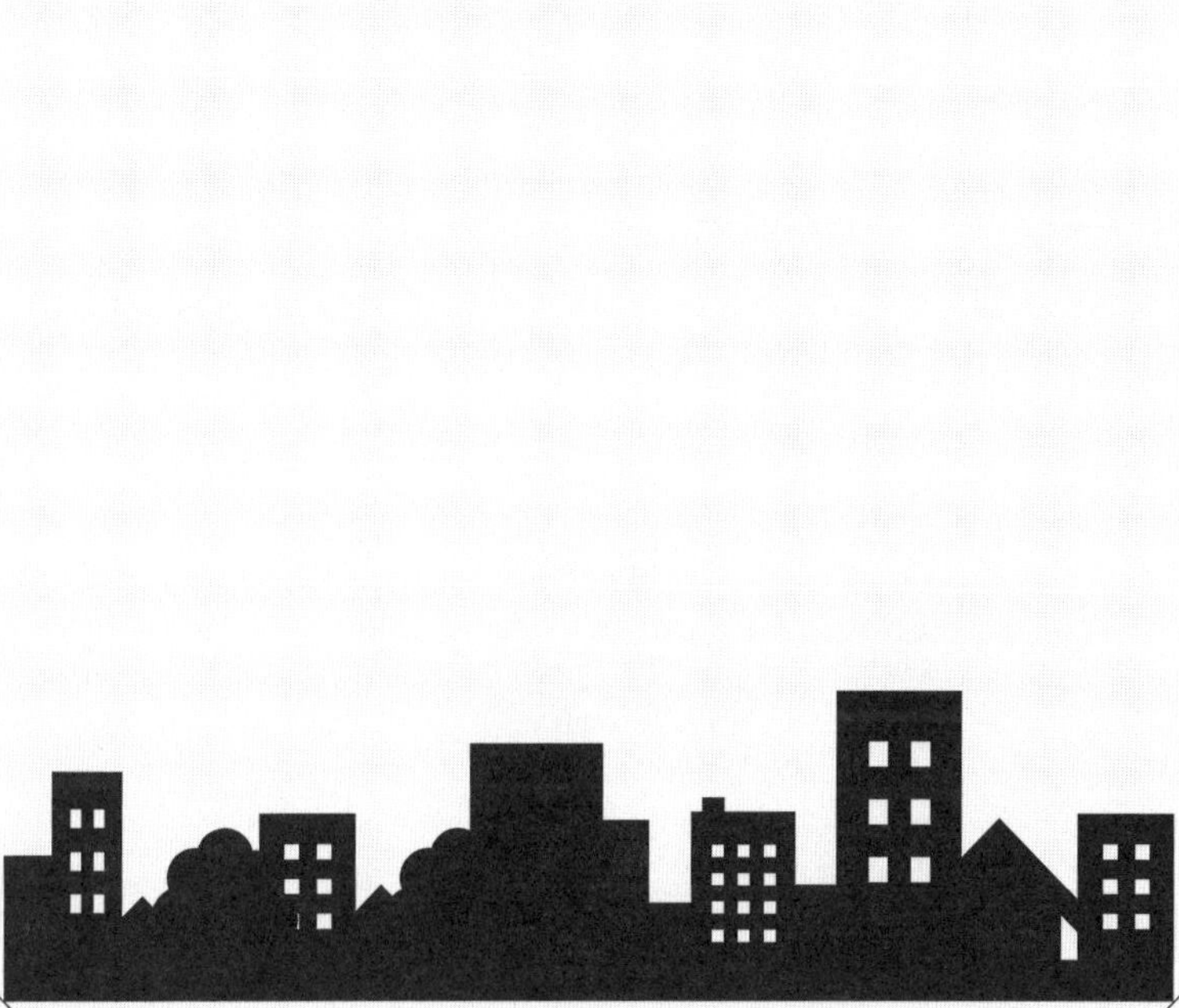

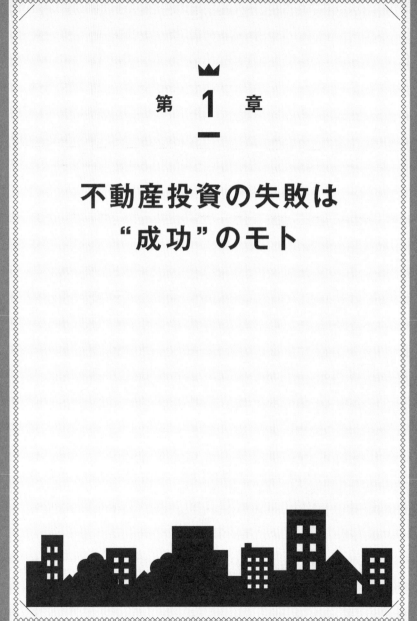

失敗を学ぶ前に知りたいこと 不動産投資の基本をおさらい

第1章では、不動産投資の基本を通じて**「なぜ不動産投資には失敗談を学ぶことが必要なのか」**を説明します。

皆さんが不動産投資に興味を持たれたのは、どのようなキッカケでしょうか。

金融商品なら株やFX（外国為替証拠金取引）、投資信託など、様々な種類があります。

その中で、なぜ不動産投資を選ばれたのでしょうか。それは、**「不動産投資ならでは」の特徴に惹かれてのことでしょう。**そこで、まずは不動産投資の特徴を詳しくお話ししましょう。

実は、不動産投資の「構造」は、他の金融商品の投資と基本的に全く同じで、3つのフェーズに分かれています。

「購入して、保有（運用・管理）して、売却する」。これが、不動産投資の基礎構造です。

そして、そのうち「購入」が不動産投資の成否の9割を握っています。

不動産投資の購入手順は、マイホームの購入手順と違いはありません。不動産仲介業者（不動産屋）に自分が希望する物件の情報を伝え、物件を探してもらい、それに見合った物件が見つかれば紹介を受け、気に入れば購入、となります。

ここで重要なのは、「利益を得られる物件を購入しなければならない」ということです。「利益を得られる物件」とはどのようなものかを自分でイメージできて、具体的に条件を書き出すことができる。そうでなければ、不動産仲介業者に自分の希望を伝えることはできません。また、購入時に銀行から融資を受けることも考えると、「利益が得られて、融資が受けられる」物件であることが必須条件となります。

購入時に失敗してしまった例を説明します。相場で５０００万円の物件を誤って６０００万円で買ったとしましょう。この物件で年間１００万円のキャッシュフローが得られるとすると、10年間に１０００万円のプラスです。

10年間でローンの残高が４０００万円まで減ったが、売却したら経年劣化もあり３０００万円でしか売れなかった、となれば、キャッシュフローのプラス分１０００万円とキャピタルロスのマイナス分１０００万円で、差し引きトントンになってしまいます。

オーナーは10年の間、不動産投資家としてきちんと働いてきたはずです。でも、最初に相場より高い物件を買ってしまったがゆえに、その労働全てがチャラになってしまうのです。トントンならまだマシで、マイナスになってしまうことすらあります。10年間タダ働きどころか、働いてお金をロスするというわけのわからない結果になってしまうのです。

この例からもわかるように、相場より高く買うという失敗は、絶対避けなければなりません。まず購入時には正確な相場を学び、必ず相場より安く、ムリなら相場と同等の金額で購入することです。それには誠実で信頼できる不動産仲介業者から紹介してもらうのが良いでしょう。

管理業務は、入居者の募集、クレーム対応、家賃回収、建物の清掃、修繕など多岐にわたります。修繕というのは、外壁、屋根、共有部、各部屋の内装、水回りの設備などを直したり新しいものに取り替えてリフォームすることです。ここでは管理会社が活躍します。

また、株式投資などの金融商品の場合、保有している間に「配当」があります。保有者が預けたお金を金融機関が運用し、その利益を配当として株主に分配するのです。

不動産投資で配当にあたるのは、家賃収入です。物件を借りた人々が支払う家賃が、そのまま収入として入ってきます。

売却もまた、不動産仲介業者に協力してもらいますが、キャピタルゲインをいくら得られるかというのを計算して、売却額を自分で算定することが必要です。相場を知ることはもちろん、ローン残高を考えて、これより下回ったらトータルで損をするのはいくらなのかを知らなければなりません。また、売買のタイミングも自分で知るべきです。建物が劣化して使えなくなってから売るのか、あるいは使えなくなった建物を壊して土地だけ売るのか、減価償却が終わったタイミングで売るのか、などで利益が変わります。

そのようなこと全て考えた上で、どのような条件で手放したいかを伝え、それに見合った広告を出してもらい、買い手を紹介されて売却、となります。

そして購入する時の金額と売却する時の差益がプラスであればキャピタルゲインとなり、マイナスならキャピタルロスとなります。

もちろん世間の経済状況に全く左右されないわけではないのですが、しっかり勉強をして、必要であればコンサルティングなどプロのアドバイスに耳を傾けることで、好景気でも安く購入することや、不況でも利益を出して売却することが、可能なのです。

それぞれの項目の重要度は違えど、ここまでは他の金融商品とだいたい同じです。

ここから、不動産投資ならではの特徴をお話します。

これを知っていればもう迷わない！　不動産投資ならではの４つの強み

不動産投資の強みの１つ目は、「レバレッジが利く」というところです。

例えば、現在の自己資金が１００万円だとします。

株を購入する際に「1000万円分の株が欲しいけど100万円しかないから、足りない900万円を貸してください」などと言ってもお金を貸してはくれません。100万円しかないなら、その分の株しか購入できない。当たり前と言えば当たり前の話で、小学生でもわかる買い物の基礎です。

ところが不動産の場合は、100万円の自己資金で1000万円の物件を買う、ということができてしまいます。

これは詐欺でも何でもなく、マイホームを購入する時にも使われる、一般的な購入方法です。まず自己資金の100万円を頭金とし、残りの900万円は銀行から融資を受けます。それで1000万円の物件を購入するのです。

手持ちの自己資金以上の物件を購入できるということは、自己資金が本来産み出す以上の利益を産み出すことも可能ということです。1000万円の物件が自己資金100万円を超える現金を産み出す場合があるのです。

厳密に言えば購入後に修繕や税金など様々な費用がかかるので、1000万円の物件なら自己資金についてはその他の費用として自己資金100万円にプラス100万円ぐらいはないと足りないのですが、ここではわかりやすい説明として細かいことは割愛します。

そして、購入時の投資額にレバレッジが効くということは、配当のパーセンテージにも同様のことがおきます。

通常、株の配当は優良株で１％、ハイリスクで５％、海外でもせいぜい８％ぐらいです。そして、自己資金が１００万円なら、その１～８％も１００万円に対するパーセンテージ、つまり年間収入は１～８万円となります。

一方、不動産投資の場合は１００万円の自己資金で１０００万の物件を購入した場合、５％のキャッシュフローというのは「１０００万円」の５％、なのです。つまり、１００万円の元手で年間50万円の収入があることになります。

さらに、例えば１０００万円の物件を１・２倍で売却した場合、１２００万円、つまり儲けは２００万円となります。物件の売値は１・２倍に過ぎないのに、何と元の自己資金の２倍の儲けが出るのです。

ここで気をつけなければならないのは、条件を１８０度ひっくり返すと、ロスもこの倍率で降りかかってくるということです。１０００万円で買ったものが実は相場では８００万だった、となれば、そのロスは２００万円、すでに自己資金の倍ものお金が吹っ飛んだ計算になります。だから、購入時は慎重に注意して、必ず相場より安く購入してください。

「不動産投資家」というと、潤沢な資産を持っているか、先祖代々から受け継いだ土地をたくさん持っている特別な人たち、というイメージがありませんか？　私自身も、不動産投資を始めるまではそのように考えていました。

しかし、不動産投資は、ごく普通のサラリーマンやＯＬ、主婦の方々でも投資を行うことができる仕組みが、社会の仕組みとして整っているのです。自己資金が少なくても、やり方次第で大きな利益を得ることができ、新たな不動産を手に入れてさらなる飛躍をすることもできます。色々な可能性を追求できるのです。これは他の投資にはない、大きな特徴です。

2つ目の強みは**「自分でコントロールできる部分が大きい」**ということです。株やFXなどの金融商品は、買う時は自分の意思ですが、保有してからの流れは世間の状況に左右されてしまいます（その企業のほとんどの株を所有するような大株主であれば話は別ですが）。日々パソコンやスマートフォンでチャートをチェックし、上がりそうな気配がした時に売りに出すだけ。下がってしまった商品の価値を自分で高めるなどのコントロールは、一切できないのです。

一方、**不動産は建物と土地が物理的に手元にあるので、自分である程度コントロールできます。**建物の状態が悪ければ、外壁を人気のある色に塗り替えたり、間取りを使いやすいようにリフォームしたり、設備を便利なものに変えたり、内装をオシャレにすることで、不動産としての価値を高めることができるのです。

例えば、500万円でボロボロの区分マンションを購入して、200万円でピカピカにリフォームし、家賃（インカムゲイン）を上げたり、1000万円で売って売却金（キャピタルゲイン）を上げる、ということもできます。

「ふどうさんぽ」の仲間にも、実際に3000万円台で購入したアパートを400万円ほどでリフォームし、5000万円代で売ったという例があります。

株の世界であれば大株主にしかできない価値のコントロールを一般投資家ができるというのは、不動産投資の大きな魅力です。

3つ目の強みは、**「人に任せられる」**ということ。不動産投資には、様々な作業があります。挙げていけばキリがありませんが、入居者の募集だけとってみても、チラシの作成、ウェブサイトの開設、入居希望者の面接、契約書類の作成など……。これらを全部自分でやるとしたら、かなりの手間ですよね。

しかし、少しの費用をかけることで、それらの作業を全て人に任せることができるのです。まず、購入時は不動産仲介業者が物件を探してくれますし、売りたい時も然《しか》りです。購入後の法務局への届け出は、司法書士の先生がやってくれます。入居者の募集は募集会社が請け負ってくれます。入居者が入ってからの建物の管理やクレーム、修繕の提案、家賃回収などは、管理会社が代わりに対応してくれます。そして修繕が必要となれば、リフォーム業者が工事をしてくれます。

それぞれのプロが、それぞれの分野で自分の代わりに仕事をしてくれるのです。

4つ目の強みは、**「インフレ対策になる」**ということです。これは、安定株でも同様のことが言えますが、不動産の方がより安心と言えると思います。

今後の発展が読めない郊外は別ですが、都市部の便利なエリアにある不動産の価値は、時代や経済状況が変化しても価値が下がることは少ないです。例えば、インフレになって円の価値が半分に下がったとします。5000万円の現金であれば、そのまま半額の2500万円分の価値しかなくなってしまいます。

一方、5000万円の不動産の価値は変わりません。つまり、円の価値が半分になっても、元の5000万円の価値の不動産になります。また、家賃もインフレに伴って徐々に上げることができます。

長年不況が続き、国債がたまりにたまった現在、政府は市場をインフレに持っていこうとしています。インフレ率は3%が目標と言われており、10年後には、今の5000万円が5000万円以下の価値になり、銀行に預け続けてもインフレ率に金利が負けてしまいます。価値の変わらない不動産は、それだけ特別な存在であると言えます。

不動産投資家＝経営者だからこそ失敗談が有効になる！

ここまでお読みになってお気づきかと思いますが、**「不動産投資家＝経営者」**なのです。不動産投資家として行う各作業をそれぞれの専門業者にアウトソーシングしていると考えるといいでしょう。半分投資、半分事業。登場人物が多く、**属人的な作業の積み重ねとなります。それぞれの業者とうまくコミュニケーションを取るという、「経営的能力」が非常に重要なのです。**

ゆえに、株のように数字の理論でシステマチックにやっていっても、不動産投資は成功しません。大切になるのは、経験値です。経営なのですから、当然経験すればするほど能力は上がっていきます。

逆に言うと最初はうまくいかないのが当たり前で、全てがパーフェクトなんてあり得ません。そして経験者でも、やっていくうちに大なり小なり改善点が出てきます。

だからこそ、**不動産投資に関しては「失敗をいかに乗り切るか」ということ、がイコール成功への近道になるのです。**

毎日画面でデータをチェックして売買をする株やＦＸと違って、不動産投資の売買には不動産仲介業者という人間が介在するので、トラブルへの道筋も有機的です。同じ物件を購入するのでも、そこに関わる人をいかにして選ぶか、どうコントロールするかで、結果は変わってきます。全ての失敗に対して、対策も違います。失敗に対して何も学ばずに挑んでも、うまく対応できるはずがありません。

また、不動産投資における失敗は、扱う金額が大きいためその損害額が莫大になる可能性があります。前半に書いた通り、購入額のほとんどを融資でまかなうことができるので、逆に言えば失敗した場合は返済が滞り、利子で丸裸にされることがあるのです。

投資家として不動産投資を見た時、「失敗を学ぶ」ことが最重要であることが、おわかりいただけたかと思います。

本書では、次の第2章で失敗例と解決法を解説しています。購入、管理、売却を網羅的に扱っているので、どの段階でも参考にしていただけます。

また、区分マンションを1室所有という方、棟買いでいくつも物件をお持ちだという方、地方か都会か、フルローンか現金か、単身向けかファミリー向けかなど様々な条件が異なると思いますが、全ての方に参考にしていただける内容となっています。**それぞれ問題が起きる根っ子は同じで、予防策としても事後対策としてもお使いいただけます。**

第2章を学んでいただけば、トラブルが起きた時に冷静に判断して危機を乗り切ることができます。目の前で起きている状況に対して、「あれ？　この本に出てきたあの失敗事例に似ているな」と思い出せれば、同時にその解決法のヒントも本書で探すことができます。とはいえ、全く同じ失敗はありませんから、対応策を読んでアレンジし、応用してください。

本書を読み込んで、ぜひ経営者としての不動産投資に役立ててください。

第2章

みんなの失敗事例

―― 購入・管理・売却のステージ別に学ぶ解決策 ――

発生頻度

星の数		説明
★★★★★	5つ	かなりの頻度で発生する
★★★★	4つ	まあまあ発生する
★★★	3つ	たまに発生する
★★	2つ	まれに発生する
★	1つ	ほとんど発生しない

影響度

星の数		説明
★★★★★	5つ	不動産投資にとって致命傷となる可能性がある
★★★★	4つ	不動産投資にかなりのダメージ
★★★	3つ	不動産投資にとってブレーキとなる
★★	2つ	不動産投資に影響する
★	1つ	不動産投資への影響はほとんどない

発生頻度
★★★★★
影響度
★

購入 1

不動産屋さんにお説教されてしまった!?

事例 私が初めて新築の賃貸併用住宅を建てようとした時の話です。

新築のため、土地から探す必要がありました。初めてだったこともあり、土地探しには本当にいろいろなドラマがありました。基本的に不動産屋は、ある程度は丁寧に対応してくれます。しかし、中にはお客にならない人に対して、説教をしてくるところがありました。今回は印象的だった3件について紹介します。

1件目は、北千住のある小さな不動産屋です。そこは母子で運営されているようで「賃貸併用住宅を建てたい」と伝えると、「不動産をなめている」「市況をわかっていない」とお母様から説教を受けました。息子が「そうだよね。母さん」と言わんばかりに頷いている様は、漫画だと笑えますが、現実にされると精神的になかなかのダメージを受けました。

2件目は、恵比寿駅近くの不動産屋。「賃貸併用?」と心から馬鹿にする言い方と、その後、何を言っても「あーはいはい。素人は黙って普通の家建てとけよ」と言わんばかりの対応は今でも忘れられません。お店を出て恵比寿駅に向かう橋の日曜日の夕日がとても心にしみました。

3件目は、武蔵境駅の不動産屋。ここは、クールなアニキ&キレやすい舎弟コンビ。アニキが、「賃貸併用? 今はもうそういう時代じゃないよ」と言うと、舎弟は「ムリムリ、さっさとうちで家を買っちまいな」的な感じ。ちなみに席の後ろでは、他の営業がお客に「お客さん、今さら何言ってんだよ!」と怒号を飛ばしていました。帰りの駅のホームで、怒りと悔しさに打ち震えたのを覚えています。

【解説】

多くの不動産屋から説教されてわかったことですが、説教をしてくる多くの不動産屋のスタンスは「自分は不動産のプロだ。だから、何も知らない素人は黙って言うことを聞いておけ」というものでした。

しかし、**彼らは、「家や土地を売るプロ」かも知れませんが、「不動産投資のプロ」ではないのです。**不動産屋の説教を真正面から受け止めていた時は、毎回精神的に参っていましたが、不動産屋が「不動産投資のプロ」ではないことがわかってからは、不動産屋の説教をうまく受け流せるようになりました。

あらためてですが、彼らに限らず、人は基本的に自分が目にしてきた世界が全てだと思う傾向があるようです。実際の世界は、一つの物事でも多様性があり、様々な側面があるのですが、多くの人は自らが見てきた世界、経験した世界が全てでそれ以外の世界は見えていない、または見ないようにしているのです。

不動産屋としては、単純に自分たちの商品を売りたいという思いの他にも、自分たちの見ている世界が全てではないと知ることを本能的に避けようとしているのかもしれません。この経験は、不動産投資に限らず仕事や生活においても成長をもたらしてくれたように思います。もちろん、今でも私たち自身気をつけないと「自分たちが見えている世界が全て」になってしまいがちなので、視点が凝り固まらないように気をつけていきたいと思っています。

さて、もう少し具体的なアドバイスも付け加えておきます。

当初、不動産屋から説教されたり「無理」と言われたりすると、私はいちいち頭にきて反論していました。しかし、これは時間のムダです。人間関係の基本として、少しぐらい話をしたぐらいでは他人のものの見方を変えるのは不可能です。たとえその場で彼らを論破しても、相手は嫌な気持ちになるだけですし、私たちも貴重な時間をロスしてしまいます。**丁寧にお礼を言ってすぐに立ち去り、次の不動産屋に向かいましょう。その方がお互いのためです。**

また、体験談の3件目のように、威圧的な感じの不動産屋も稀にいます。本当にブラックな不動産屋は最初から雰囲気などでわかるものですが、最初から素人をだまそうとする不動産屋もいます。そういうところは対象が素人だけに、こちらがある程度知識を持っていればすぐに開放してくれます。ですので、不動産投資について事前に学習しておきましょう。

ただし、時には開放されるまでに軽く脅されたりすることもあるかもしれません。もし、そのようなことになった場合は、「ここからの会話は録音させてもらいますね」といって、スマートフォンの録音アプリやレコーダーなどで不動産屋の会話を録音すると良いでしょう。録音を開始すると大抵、不動産屋の言動も途端に丁寧な、ですます調に変わります。このような対応方法もありますが、できればすぐにそのような不動産屋は立ち去りましょう。

不動産投資において私が何より大事だと思うのは、状況を共有したり、相談できる不動産投資

仲間をつくることです。どんな投資でも一人ぽっちで行うのが普通ですが、不動産投資に関しては、信頼できる不動産投資仲間がいるといないとでは大違いです。

私自身、不動産投資を始めた時、何度も不動産屋から説教をうけたため、「やっぱり自分には不動産投資は無理なのかな」と思うことが何度もありました。しかし、不動産投資によって自己実現したいとがんばっている仲間の存在が大きな支えになってくれました。仲間の存在は、いろいろな局面で支えになってくれます。

不動産投資は、一人ひとりが大きなお金とある意味人生をかけて行動しているだけに、一生涯の仲間が見つかることもあるでしょう。不動産関連の集まりには様々なものがあり、さらに一つの会の中にも様々な人が来ています。その中で同じ方向を向いている気の合う仲間を見つけ、その人たちと時間を共有することは、きっとあなたを前に進める大きな力になってくれることでしょう。

発生頻度
★★★★★
影響度
★★★

不動産屋さんの言うことがウソだらけだった!?

購入 2

事例　新築アパートのための土地探しを始めた頃、「これはいける!」と思った案件で、半年間も時間をムダにしたことがありました。人気の土地がすぐに売れてしまう状況で、「今度こそは」と思っていた時に紹介された条件の良さそうだった土地が、今回の問題の案件になります。

その不動産屋は、超大手。営業担当も大手であることを全面に出し、「大手だから安心でしょ」と言わんばかりです。そして、私も「さすがにこれだけ大きな会社の人が適当なことはしないだろう」と信頼していました。その考えがそもそもの問題の始まりでした。

物件は、敷延べ地（旗竿地）で、接道はちょうど2メートルあるため再建築も可能でした。古家が残っていましたが、建物は不良業者が建設したため、ガラ（廃材）を地中に埋めたのが原因で傾きが激しく使用不可に。しかも、その業者が倒産して売主さんも賠償してもらえずに仕方なく売ることにした、とのことでした。ここから半年かけてウソが明らかになっていきました。

「①売買物件の建物を建築した工務店は潰れていなかった」「②旗竿の竿の部分が、途中で細くなっていて、接道が実測で2mなかった」。説明が不自然だったため、何度も確認したところこのようなウソが判明しました。

ある程度不動産投資を勉強していたため、これらのウソを見抜くことができ、丁重にお断りしました。しかし、このようなウソを見抜けずに勢いで買ってしまう人もいるでしょう。この経験から、「大手だから安心」のような安易な考えは持たない方が良く、大手であろうと小さな不動産屋であろうと、担当者がどんな人であるかをきちんと見極めることが大切と心底思いました。

【解説】

事例では、大手の不動産会社であることをだけを理由に、その会社や担当の人を信用していました。さらに、多少疑わしい部分があっても、「良い物件で安いから」と自らを強引に納得させていました。

最初から冷静に対応できれば、疑わしい部分をしっかりと確認することもできたでしょう。しかし、怪しいなあと思いながらも、頭の一方では「自分の知識がないだけで実際はこんなものかもしれない」と判断を引き延ばしていました。

不動産屋は「不動産投資のプロではない」ですが、不動産屋は「不動産を売ることに関してはプロ」です。さらに、不動産屋の中には、「売るのが仕事だから、売りつけてしまえば、その後お客がどうなろうが自己責任。どうなろうと知ったことではない」と本気で思っている人もいるようです。

私自身、多少営業の経験があるので営業担当を見る目はあると思うのですが、事例の不動産屋は手際も良く、仕事ができる感じでした。さらに、営業手法などもよく研究されていました。ただ、売ればＯＫと考えている人のようでした。

このような**不動産屋のウソへの対策として、まずは大手というだけで不動産屋を信用しないこと。**ここでは名前は出しませんが、この会社の悪い意味でアグレッシブな評判は後日何度も耳にしました。大手でもそういう会社があるのだと思っておけば、まずは失敗しないと思います。

次の対策は**不動産投資の書籍などを通じて、不動産投資に関する知識を増やすことです。**まずは不動産投資の理論を理解し、そして実践して、さらに経験値を上げれば、何かおかしいなあと気づきやすくなります。

ある程度不動産投資の知識を取得した状態で不動産屋と話をすると「そんなに色々なことを言う人には売りません」と言われるかもしれません。面と向かって言われると、最初の頃は気になるでしょう。「もしかして、とてもいい物件なのに、自分が細かいことを聞いたために面倒くさいと思われ、購入できなくなったのかも……」なんて感じることでしょう。しかし、これも不動産の営業手法の一つです。あなたのあせる気持ちを誘発する営業方法なのです。

こんな時の対応としては、自らのスタイル、例えば「接道は4m以上ないと購入しない」「擁壁がある土地は購入しない」などの**自分のルールを紙や手帳に書いて、常にカバンにでも入れておくのが効果的でしょう。**そうすれば、不動産屋さんのこういったテクニックに惑わされずに「そうですか。それではこの不動産は結構です」と即座に返せるようになります。

ちなみに、事例の不動産屋とはお互い納得できなかったため、そのままフェイドアウトする形になりました。しかし、その数年後、他の不動産を探している際に、偶然その不動産屋と再会しました。会社も都心部に移り、肩書きも偉くなっていました。

不動産屋から不動産の情報を一通り聞いて別れた後、もう一度現地に戻って建物を裏手から見てみると、お隣の建物と寄り添うようにもたれあっているのを発見しました。もちろん、不動産屋はこのことについては触れていませんでした。やはり、以前と変わらず都合の悪いことは言わないスタイルのままでした。

事例の不動産屋ほどひどくはありませんが、一般的に不動産屋は自分たちに都合の悪いことを率先して話してくれない傾向にあります。とはいえ、**不動産屋は重要事項説明をする必要があるので、最終的には説明してくれることになるのですが、都合の悪いことを話すタイミングを見計らっています。**

不動産のプラス情報の話の中に少しずつマイナス情報を織り交ぜたり、契約の席で初めて聞くような情報をいっぱい言ってきて、「まさか契約の席で売主さんもいるのに契約破棄しないですよね」というオーラ全開で契約調印を進めようとしたりなど、様々なケースがあります。

私たち不動産投資家としては、事前に自らの投資スタイルに合わせた確認事項をつくっておきましょう。そして、不動産屋さんと会うたびに毎回、確認事項を聞くなどの方法で、なるべく早めにプラスの情報もマイナスの情報も確認する姿勢で臨みましょう。

発生頻度 ★★★★★
影響度 ★★

不動産屋さんとゼンゼン会話がかみあわなかった!?

購入 3

事例 不動産投資を始めて間もない頃、その頃は毎日、数十の不動産屋と物件情報のやりとりをしていましたが、頻繁に連絡をしてくる不動産屋がいました（仮にA社のTさんとします）。

このTさん、毎回連絡をくれるのはいいのですが、ピントの外れた物件しか送ってきません。伝えている条件以外の地域だったり、NGと伝えている種類の建物だったり、以前紹介された物件だったりと、最初から検討無用なものばかりを送ってきては「一度面談を」と依頼してきます。

気になる物件もないので面談に応じていなかったのですが、ある時、仕事の移動中に空いた時間ができました。連日のアピールから、もしかしていい物件情報があるのかもと思い、ほだされる形で「紹介したい」という物件の最寄り駅で落ち合いました。

すると、待ち合わせ場所で車から降りてきたのは、見るからに気弱そうな男性と眼光の鋭い男性の2人。Tさんとその上司でした。挨拶もそこそこに車で移動を始め、山道を長々と上っていった先に見えてきたのは、前からNGと伝えていた建物のアパート……。車を降りる前から買わない旨を伝えましたが「中を見るだけでも」と促され、内覧してみましたがやはり条件に合いません。

その後、「投資相談を」と言われてファミレスへ移動。そこで自分たちの会社がいかにすごいかを聞かされ、これまでに書いたこともないような分量の「お客様シート」を書くように依頼されました。ここまでの間、終始Tさんが上司に怒鳴られ続けているのが印象的でした。

【解説】

このケースでは、（ストレスはあるものの）時間をロスしただけで済みましたが、もしダメ物件を買ってしまっていたら悲劇です。特に初心者の間は、見ている物件の数が少なく、不動産屋の言葉のワナも見抜きにくいですし、囲まれて強く対応されると萎縮して話を進めてしまいがちなので、自分をしっかりと持って業者の話に流されないように重々気をつけましょう。

この事例のA社は、幸か不幸か、一部で悪名高い会社でしたので、複数の投資家が似たようなケースに遭遇していました。それらの情報をまとめると、次のようになります。

◉有力な物件情報を持っていない

元付情報を持っておらず、どこかで見たことのある物件ばかりを勧めてくる不動産屋は要注意です。また、レインズ（不動産流通機構が運営している業界用の不動産情報データベース）に掲載された直後の物件を言っているのか、「入りたて」「非公開」という言葉を多用する傾向が強い場合も、自社オリジナルの情報を持っていない可能性があります。信頼のある仕事をしていれば、不動産屋の間でも同業他社から「あなただけに教えます」と良い情報が来るようになります。いい物件情報を持っていない業者は、同業他社から信頼されていない可能性も高いです。

◉物件情報を開示しない

送ってくるのはマイソク（物件の宣伝チラシ）1枚のみ、かつ、住所の下半分などを丁寧に消してある、という業者も要注意の傾向があります。A社の場合、「まずは問い合わせに持ち込め」

「お客を1人で現地に行かせるな」という社訓があったようです（後日、Tさんから聞き出しました）。物件自体に投資としての魅力がない場合や、ターゲット顧客が初心者の場合、不動産屋はセールストークで買わせる戦略を行うため、情報を絞って出すようになります。今はインターネットで航空写真も見れますから、番地を隠しても特定しようと思えば可能です。調べればわかる情報を伏せても、机上の検討が遅れるだけで投資家、不動産屋ともに良いことはありません。

「必ずオフィスに来てもらってから」「現地には絶対に同行」という不動産屋については、（売主側が希望しているなど一部のケースを除いて）何か理由があるものだと心得ましょう。

◉社員の人間関係が円満でない

A社では役職者と部下の関係が通常の会社と違いました。部下に対する行動や言葉遣いなど、聞いている側が不快になるほどです。こうした現場の雰囲気は、その不動産屋を測る目安になります。言動の他にも、担当の名刺やメールアドレスが会社のものになっている場合、会社側が検閲をかけ、担当を信用していない場合があります（小規模な会社がアドレスを共有するのは除く）。

こういう会社の場合、担当者も思考停止になり、不動産屋側の論理だけで動く傾向が強くなるので、顧客のために考えたり動いたりすることが少なくなります。距離を置く方が賢明です。

◉個人情報を多く収集しようとする

面談するなり、「データベースへの登録」や「すぐに仮審査しましょう」と、顧客の情報を多く聞いてくる不動産屋も少し危険です。良心的な不動産屋が物件紹介の精度を高めるためにあらかじめ聞いているだけの場合もありますが、**悪徳不動産屋が投資家の買いたい物件を紹介するのではなく、投資家が買える物件を当てて無理やり買ってもらおうと考えている場合があります。**

ひどい不動産屋になると、物件情報をエサに、個人情報の収集を目的としている場合もあるので、注意してください。

◉過去は未来のヒント

これらの事業活動は、宅建業法上の処分などで明るみに出ることがあります。**仕事のやり方は急には変わりませんから、気になる不動産屋があった場合は、念のため関連情報を見ておくことをお勧めします。**自分とビジネスパートナーになりうる不動産屋かどうかを検討する上で、その不動産屋の過去を確認することはとても大切です。不動産屋の過去は重要な情報源なのです。

もちろん、一度、不動産屋が名を変えて出直すなど、一般の人では伏せられたらわからないことも多々ありますので、投資家同士の横の繋がりを持ち、いい不動産屋・悪い不動産屋の情報を定期的に情報交換することをお勧めします。

不動産は高額ですから、1回の売買でも動くお金は大きいです。そのため、不動産業界には色々なプレーヤーが登場します。ある種、弱肉強食の世界なので、自分の身は自分で守るしかありません。それにはまず理論武装をし、仲間をつくることです。自分の中にしっかりした軸をつくり、物件情報を参照する仲間が増えれば、一方的にカモにされることはなくなるでしょう。

発生頻度
★
影響度
★★★★

不動産屋さんが音信不通になってしまった!?

購入
4

事例 アパートを購入した時の話です。私側の不動産屋の担当はその会社の社長でした。その社長から瑕疵担保について「万一、瑕疵があった場合は、売主である不動産屋との間で弊社が折衝を行うのでご安心ください」との話を頂き、アフターサービスも積極的で良心的だなと安心。そして、無事に売買契約、決済が完了し、ついにアパートが自分のものとなりました。

早速、空室のリフォームにとりかかったところ、流れの悪いトイレや給水パイプからの漏水といった水廻りの不備が見つかりました。「これは、瑕疵担保だ!」ということで不動産屋に連絡しました。すると、売主と協議してみましょうと、積極的に解決に動いてくれました。ところがその後2週間ほど連絡が来なかったため、不動産屋の社長に連絡すると、少しバツが悪そうな電話の対応でした。

事情を聞くと、売主である不動産屋が、修繕費用の半額を買主側の不動産屋に負担するように強く折衝してきているとのことでした。どうやら、私が購入した不動産屋は、今回の売主側の不動産業者よりも立場が弱く、強く言い返せず解決しないまま時間だけが経過したようです。

しかし、話が進展しないと困るのは、買主の私です。即時修繕を行ってもらうように再度請求しました。しかし、その後も一向に連絡は来ず、携帯電話にも出ません。そして、会社への電話にも出なくなりました。試しに違う番号からかけてみても結果は同じでした。結局、売主の不動産業者と直接話し合い、費用を負担して頂いた上で修繕してもらうことで話はまとまり、無事最後まで対応してもらいました。

【解説】

後日談ですが、修繕工事を行ったリフォーム業者が去り際に、「工事費用の支払いについては、売主から自分たちは半額しか出さないからと言われていて、どうしようかと思っているんです」とこそっと教えてくれました。不動産業界の様々な面を見た貴重な体験となりました。

また、今思うと、私側の不動産屋は、マンションで社長一人で経営している会社のようにも感じられました。契約の際も、喫茶店を指定され、どこかよそよそしい宅地建物取引士が現れ、説明を受けて契約をしました。おそらく、社長は宅地建物取引士を取得しておらず、ブローカーのように物件紹介を行う会社だったのだと思います。当時まだまだ場数の少なかった私には、そこまで見通すことができませんでした。

今回は、最終的に無事に解決できたため大きな問題には至りませんでしたが、**不動産屋や売主（特に売主が業者の時）が「どのような立場の何者なのか？」を知ることで、トラブルを未然に防ぐことができます。**そのため、きちんと不動産屋は選別しましょう。また、自己防衛も大切です。これらの対応はリスクヘッジだけでなく、交渉の上で優位に立つ材料として役立てることができます。

◉不動産屋の選別方法

・宅建免許番号が⑴のように少ない数字だと創業からの歴史が若い業者ということになります。

⑴**であれば、一度も更新を迎えていない新参の宅建業者**です。

・不動産屋の調べ方として、インターネットで「会社名」「代表名」「問い合わせ電話番号」を**それぞれ検索して評判などを見る**ことができます。あまりにも評判が悪い場合は、その評判について不動産屋に直接確認してみることをオススメします。その評判がガセネタだとしても何か理由があるはずです。

・相手方の様子に**直感的に違和感があると感じた場合は要注意**です。「必要以上に手付金を高額請求してくる」「口頭での説明や、直前の変更点が多くないか」「物件現地についての情報が不足し、現場に足を運んでいない様子」などが違和感の代表例です。このような違和感のある場合には、後で後悔しないよう違和感の元をきちんと確認しておきましょう。

◉自己防衛の方法

・不動産屋に対して、「連絡を携帯電話のやり取り」＋「喫茶店での打合せ」だけでなく、**会社の固定電話へのコンタクトや、会社へ直接訪問する**ように心がけましょう。このことからどのぐらいきちんとした会社であるのか、また、どんな社風であるのかなどの裏をとることができます。

・**手付金を必要以上に多く設定しない**ようにしましょう。ただし、購入時に他の購入希望者がいる場合、手付金も優先順位の要素としている売主もいるため、売主の顔色を見て検討が必要です。

・売買契約や決済の場に、**不動産投資の経験豊富な方や弁護士に同席**してもらいましょう。

・**宅地建物取引士証のコピー**を取らせてもらいましょう。
・重要な取り決めの打合せや、**売買契約、決済時に録音**をしておきましょう。
続けて、自己防衛からさらに一歩踏み出して、こちらからの攻めの対応もご紹介します。

◉攻めの対応

・グーグルマップを用いて、**売主の自宅を確認**しましょう。例えば、豪邸であれば細かな指値にこだわらないかもしれないなどを予測します。
・登記簿の抵当の欄を見ることで借入時期と借入額からローンの残債がどの程度残っているのかを推測します。**推測したローンの残債から相手の最低限の売却金額を予測**できます。
・物件が担保に入っている場合、**担保の付いている金融機関の担当者を紹介してもらう**、のがいいでしょう。金融機関は融資することが仕事であるため、売主が物件を売却して融資を繰り上げ返済されることは本音ではそうしてほしくないと思っています。そのため、売主が物件を売却しても買主に対して、同じ物件で融資できるということであれば、積極的に融資を検討してもらえるケースがあります。

このように物件の売買に登場する売主、買主、不動産屋などの登場人物の関係性を理解し、さらには登場人物の状況や性格をしっかりと見定めることができれば、トラブルの発生が少なくなります。皆さん、ぜひとも挑戦してみてください。

発生頻度 ★★★★
影響度 ★

購入 5

ガンバってもガンバっても不動産が買えなかった!?

事例 不動産投資を始めた頃の話です。10冊くらい不動産投資の本を読み、不動産投資の概要を理解した私は、実際にインターネットで物件の検索を始めました。多くの本が勧めるように、自分の探す条件を決め、条件に合うものを見つけては不動産屋に問い合わせをして、現地に行く毎日でした。

私は慎重派で、なかなか不動産が買えなかったのですが、そんな日々を過ごしているうちに、条件に合う物件自体が探しても出てこなくなってきました。インターネットの検索には慣れてきたはずなのに「まずい、ライバルのスピードに勝たないと買えない……」そう焦った私はこれまで以上に物件探しに没頭し、毎日朝方まで各種の不動産サイトを見続けました。

しかし、やっぱりいい物件が出てきません。まだ探す努力が足りないのかと、昼間の仕事に影響が出るほどに睡眠時間を削って物件を探し続けました。後でわかったことですが、私が物件を探し始めた頃は、不動産市場が回復して物件の利回りが下がってきたタイミングでした。実績のない当時の私に相場よりもはるかにいい条件の物件情報など回ってくるはずありません。これでは見つからないのも当たり前だったのですが、当時はその辺りもよくわからず、「汗をかいた分だけ前に進める」という価値観で毎日苦行のような日々でした。追い込みはさらに思考停止を招き、徹夜に近い毎日が続いた結果、ついには体を壊してしまいました。

今思うと、買えないからまだ良かったものの、見映えの数字だけを満たしたダメ物件を買っていたらと思うとぞっとします。戦略に基づく行動は大事だなと痛感した、苦いエピソードです。

［解説］

不動産の市況を左右する要素は多々あります。銀行の融資姿勢など多くの投資家に影響を及ぼすマクロ要因から、工場の撤退など賃貸経営に影響を与える個別の要因もあります。これら外側の事情だけにとどまらず、投資家個人の側にも自己資金や収入、借入額などの変化があります。

私たち不動産投資家は、これら内外の状況変化に対応し、探し求める不動産の指針を細かく修正していかねばなりません。いわゆるＰＤＣＡ（Plan（計画）－Do（実行）－Check（評価）－Action（改善）の頭文字）が必要となります。

事例の時の私はＰＤＣＡを行うことなく、当初の指針のまま根性だけで動いていた点に問題がありました。**戦略なき変更は危険ですが、状況に応じて自分の購入条件（売却条件）を見直していくことは非常に重要です。**実際、物件を買っている人は、定期的にＰＤＣＡを行っています。

それでは、「買える」人はどのような指針を立て、どのような振り返りを行っているのでしょうか？　多数の事例を見ていると、３つの要素があるように感じます。

◉①　良質な情報を多く収集する

不動産の世界で「センミツ」という言葉があります。「買うに値する物件は、１０００件の中に３つしかない」という意味ですが、買える人を観察していると、この経験則が当てはまることが多いように思います。買える人は、（失敗事例にあるような）とりあえず探す、というスタンスはとらず、意中の３件を見つけ出すために１０００件の良質な情報を収集することに注力しています。

多くの物件情報を収集するためには、自分の目標や属性を含めた立ち位置をしっかりと確認し、**「買いたいもの」「買えるもの」「買うべきもの」をはっきりとさせることが必要です。**それらの共通項を見出すことができれば、日常の物件探しもぶれなくなるでしょう。

◉② 絞り込む条件をしっかりと決める

いいと思えた物件が出てきても、必ず買えるとは限りません。自分がいいと思った物件は、当然ライバルもいいと判断します。ライバルとの競争を制するためには、購入プロセスにスピードが要求されるのが不動産投資の特徴です。

購入スピードで勝つためには、検討する物件の判断項目と判断基準（以下、あわせて「選定条件」と呼ぶ）について、あらかじめ考えておく必要があります。**物件情報が出てきた時に、選定条件をクリアしているかどうか瞬時に判断する**ためです。

また、選定条件があまり緩いと全ての物件が購入対象となり、現地に見学に行かないといけないことになるので、近隣相場などを調べてある程度精査されるような条件にしておく必要があります。一方、選定条件が厳しすぎると全く購入対象の物件が出てこないことになります。

つまり、選定条件はその時の市況や融資状況、自分自身の知識や属性によって変わります。そのため、**常に選定条件を柔軟に変更しておく**ことが求められます。

◉③ 選定条件によってスピードある判断をし、経験を蓄積していく

スピーディな物件の判断を繰り返していくと、２つの収穫があります。

一つは、**短期間に多くの物件を選定したことによって、物件の目利き力がついてくる**ことです。物件の目利き力は、不動産投資を成功させる上で最も重要な能力の一つですが、これを身につけるにはある程度の経験が必要となるので、短期間に数多くの物件を選定することは非常に重要となります。何事も経験が大切ということです。

もう一つの収穫は、**物件の判断結果を不動産屋にまめに回答していくことによって、不動産屋に覚えてもらうことができ、ライバルと比べて相対的に有利な立ち位置を築くことができます。**

そもそも、不動産は相対取引であり、まだまだ人と人とのアナログな世界です。そのため、物件を紹介してすぐにリアクションをくれる人は不動産屋としても好ましいお客候補となり、どんどん質の高い物件情報をもらえるようになります。

努力しないといい不動産は買えませんが、何より正しい方向に努力することが大事です。事例のように、がんばることを正しい行動の指標としてしまうと、成果も出にくい上、不動産探しが辛くなり、どんどん成果が出にくくなるという悪循環が始まってしまいます。

これまでの３つの条件を満たすように心がけると、精度の高い紹介を受けて、スピードある判断をするサイクルをつくることができます。結果として、物件探しの負荷は軽くなり、センミツを制することもできるようになります。皆さんもぜひ「買える」人になってください。

発生頻度
★★★
影響度
★★★

エリアの状況を知らずに購入申込みをしてしまった!?

購入
6

事例 私の出身地で物件を探した時のことです。地元には国立大学があり、その近辺に比較的築浅の木造アパートが売りに出ていました。

立地としては郊外でしたが、最近は大型スーパーや飲食店が立ち並び、有名チェーン店が進出するなど再開発の進む地域です。周りには新築アパートもどんどん建ってきていますが、まだまだ社会人需要なども伸びそう。これはいけると、早速、帰省の際に現地調査に行きました。物件を見てみると、ちょっと高台の上にあり坂道が気になったものの眺望もよく環境的にもグッド！

少し時間があったので、せっかくだから帰り際に不動産屋に近隣の状況を聞いてみようと、目についたお店にふらりと入りました。そして衝撃の事実を知ることになったのです……。

地元のオーナーさんたちは学生ニーズで順風満帆なアパート経営ができていたのですが、そこに目をつけたのが当の国立大学の大学生協。これまで賃貸の仲介のみ行っていた大学生協が直接、アパートを建設し、賃貸経営に乗り出すことに。名づけて「生協オリジナルマンション」。その数何と数十棟！ 郊外であることを理由に、学生に快適な住環境を提供するのが使命とか何とか。

これを聞いた地元のオーナーさんたちは大騒ぎ！ 民業を圧迫するのか！ と反対運動したものの大学生協は強行突破。この状況から今後の競合激化を恐れてアパートが投売り状態だったことがわかり、私は申込みをキャンセルしました。あの時、ついでに不動産屋に寄らなかったら、本当に危なかったです……。

［解説］

同様な経験を「ふどうさんぽ」での訪問先でもしています。２０１１年7月、開催50回突破を記念した宇都宮遠征でのことです。宇都宮市近郊は新幹線を挟んで東西に分かれています。西側が宇都宮市街、東側は物流センターや工場が多い田園地区です。

事前に連絡を取っておいた地元の不動産屋から賃貸市場を説明していただきました。田園の多い東側も大手自動車メーカーの工場があり、それなりの賃貸需要があったらしいのですが、それが工場が移転したことで賃貸市場の状況が一変し、近隣の大家が苦境に立たされているという話でした。

これらのことでわかるように、**「地元のことは地元に聞け！」が鉄則**となります。特に賃貸需要が特定の施設頼みの場合は注意が必要です。大学や大規模工場があると賃貸需要も大きいですが、その反面、移転した場合のダメージはとても大きいです。自宅から遠く離れた場所でアパート経営している場合、どうしても現地の情報は入ってきませんが、地元に住んでいれば意外と早めにわかるものです。地元での情報収集を欠かさないようにしましょう。

ちなみに、物件の情報収集の手順は次の通りです。①**事前調査**…机上での情報収集、②**物件調査**…現地での徒歩調査、③**聞き込み調査**…近隣住民・不動産業者へのヒアリング、です。

①の事前調査は、物件の路線価の確認、近隣相場の確認、グーグルマップで周辺環境の確認、

収支シミュレーションなどを行います。特に**インターネットで対象の物件と同様の物件の家賃相場を調べることは重要**です。対象物件の家賃設定が妥当か割安かを判断できるようになりましょう。家賃相場は将来の家賃下落の予想値の参考にもなります。

②の物件調査のポイントとして、物件まで徒歩で行くことが挙げられます。車で直接現地に行って、物件だけ見て帰るような調査はできるだけしないようにしましょう。**駅、もしくは最寄りのバス停から物件まで歩くことによって、入居者の目線で周辺の雰囲気を感じることができます。**「コンビニや飲食店はあるか?」「買い物は便利そうか?」「歩道は整備されているか?」「公園や緑は多いか?」などなど。

近くに嫌悪施設がないかどうかも重要な確認点です。特殊団体の施設やお墓や火葬場など、人が嫌うような施設があれば客付けに苦労することにもなりかねません。

また、物件見学で室内を確認できない場合でも、外観のチェックは実施し、建物のひび割れ、錆びなどは写真に撮りましょう。管理状況が良くなければ、価格交渉の材料として使うこともできます。接道状況や道幅も物件の価値に影響するので、忘れず確認しましょう。

サラリーマンの場合は休日の土日しか時間が取れず、物件調査もままならないことも多いです。その場合は夜に物件調査をしましょう。日中のような確認はできませんが、逆に夜の周辺の雰囲気を知ることができます。

「ふどうさんぽ」の設立主旨の一つに「駅、街、エリアに強くなろう！」があります。実際に街を歩いて「不動産投資に不可欠な土地勘を養う」ということです。実際にあちこちを歩いているだけで、それぞれのエリア特性を何となく肌で感じるようになります。

物件調査では不動産屋が案内してくれる場合も多いですが、どうしてもセールストークが入るので、その場合は事前に自分の調査ポイントをしっかり押さえるようにしましょう。

③の聞き込み調査では、**近隣の募集会社へのヒアリングは、貴重な情報が得られるため必須です。**ただし、いきなり知らない募集会社に飛び込むことはとても怖く、尻込みする方は多いでしょう。ところが募集会社からすると、物件の購入希望者はお客候補（見込み客）のため、意外と親切にもてなしてくれます。購入物件を探していますとの理由で不動産屋に入り、けんもほろろに扱われるのとは異なります。

募集会社には、ぜひとも物件見学の際に浮かんだ色々な疑問をぶつけてみてください。「購入対象の家賃設定は妥当でしょうか？」「家賃相場はどのぐらいでしょうか？」「空室率はどのぐらいでしょうか？」「入居希望者はどのような方々でしょうか？」などなど、素直に質問することで、貴重な生の声を聞くことができるでしょう。現地調査の帰りに最低1件は聞き込み調査に行く、これが不動産投資上級者への道です。

発生頻度
★★★
影響度
★★★

審査基準が突然変更され、ローンが通らなくなった!?

購入
7

事例 新築のアパート用地を探し始めて1年、こまめに不動産屋とのやり取りをしてきて、ついに、人気駅の徒歩10分圏内に、希望していた6戸の新築アパートを建てるのにちょうど良い土地を見つけました。土地を探す段階から、不動産屋が懇意にしている建築会社と建物の仕様についても大まかに話を進めており、後は融資の承認を銀行からもらえれば決済にまでたどり着くというところまできました。

融資を依頼した銀行も、その不動産屋がよく使う金融機関で、不動産屋の社長と銀行の支店長の間に太いパイプがあるとのことで、不動産屋からはこの物件の条件であれば「融資はほぼ大丈夫です！」とのお墨付きでした。また、融資を依頼していた時期も銀行の決算上の期末だったため、世間的にも銀行の融資が通りやすいと言われる時期と重なり、これはもう確証を頂いたようなものと安心していました。こちらとしては一段落ついたつもりでしたが、待てど暮らせど銀行からの融資がOKとの連絡が来ません……。

そこで、不動産屋の営業担当(社長)に連絡を取ってみると、銀行の融資担当者が期末の忙しさで稟議書を上席に提出するのが遅れ、その間に決算期（四半期決算）が変わり、審査の基準が前期と変わってしまったため、融資の承認がかなり厳しくなってしまったとのことでした。再度、融資の書類を作り直して申請したのですが、結局、融資は通りませんでした。

その結果、1年間あたためた新築プランは白紙になってしまいました。しかし、その後、再び新築アパートを計画し、ようやく無事に物件を取得することができたのでした。

【解説】

失敗事例から気づいた教訓は、「自分が当事者になれていなかったこと」「融資の条件変更に柔軟に対応できなかったこと」です。

◉自分が当事者になれていなかったこと

最初の失敗は、サラリーマンとしての忙しさにかまけて、不動産屋に銀行への融資対応を丸投げして、不動産屋の言われるがままの状況だったことにあると思います。

最初の失敗の後、次の候補物件を探す際に不動産屋と当時の話から、お互い良くなかったこと、良かったことを話しました。**不動産屋とお客の関係ではあるのですが、お客以上のいわばビジネスパートナーとして不動産屋との関係の構築につとめました。**その効果があったのか、その後、不動産屋とかなり本音で話ができるようになりました。

ちなみに、不動産業界には劣悪な不動産屋もいます。そんな不動産屋に出会って、失敗してしまった時には、気持ちを切り替えて次に進むのが良いでしょう。あきらめずに良い不動産屋を探せば、献身的に動いてくれる相性のいい不動産屋が必ず現れます。相性の良い不動産屋と失敗してしまったら、失敗を分析して次の成功につなげるように話し合いましょう。

特に強く感じたこととして、銀行の担当者と不動産屋の仲が良すぎるためか、不動産屋から銀行担当者へのプッシュの言葉が軽んじられている節がありました。

この事例の失敗から、次は**不動産屋に任せっきりにするのではなく、私から銀行担当者に直接ヒアリングを行うようにしました。**銀行担当者と直接話をすることで、「追加資料として○○が欲しい」「融資の条件はA案とB案があるがどちらを希望するか」など依頼や相談もタイムリーにできて、銀行担当者との関係も良好になりました。

このことからも、**自分と銀行担当者と不動産屋をチームとしてとらえて、自分がチームのマネージメントをするイメージを持つと良いでしょう。**

銀行担当者にとっては融資決済、不動産屋にとっては仲介の成立、そして仲介手数料の取得。何より私たち不動産投資家にとっては数千万円、数億円といった融資が受けられるという、三方良し（Win-Win-Win）の成果が出せるように、全て自分事として対応をしていくことがチャンスを逃さない秘訣です。

◉融資の条件変更に柔軟に対応できなかったこと

銀行を含めて金融機関全体に言えることですが、融資の審査基準は変わります。審査基準が変わるタイミングはそれぞれの金融機関によりますが、**金融機関の担当者に次に審査基準が変わる時期を質問すると意外と簡単に答えてくれます。**

ですので、現状の審査基準であれば、自分が借りるとしたらどのような融資条件になるのかを確認すると良いでしょう。本来は物件がないと審査できませんが、仮の物件としてその時に欲している物件を購入したらという前提で審査をお願いするといいでしょう。

ただし、どこの金融機関でもこのような仮の審査をしてくれるわけではありません。金融機関の担当者と自分の関係が良好かつ、仮の審査の対応をしてくれる金融機関である、という2つの条件を満たす必要があります。

このように、自分が当事者になり、**融資の条件変更に柔軟に対応できる準備をしておく**ことによって、審査基準の変更で融資の承認がとれず物件が購入できない、という事態を回避することができるでしょう。皆さんはこのような失敗はしないようにしてください。

発生頻度 ★
影響度 ★★★★★

不動産が欲しすぎて、融資特約ナシで契約してしまった!?

購入 8

事例 いつものように物件紹介メールを眺めていると、とても魅力的な物件の情報がありました。当時の私は、8ヵ月ほど前に購入した1棟目が順調だっただけに、重度の「不動産欲しい欲しい病」でした。建物の築年数は30年以上経過していましたが、大型修繕工事を3年ほど前に済ましており、とてもキレイで魅力的に見えました。そのまま、契約日を決め、後は融資付けです。幸いにも不動産屋の好意の金融機関の担当者から融資は問題なしと内諾を頂けました。

いよいよ契約という段階で突然、売主から、「自分たちは業者間取引が基本でローン特約はなしで契約してほしい」と迫られました。金融機関からも内諾を得ていたのと、物件を購入できるという気持ちから、ローン特約なしで契約しました。そして問題なく融資は決定しましたが、問題は最後にやってきました。金融機関の本部決済に時間がかかり、契約書に定めている決済日までに決済を完了できないことが判明したのです。

不動産屋は「数日の延長ですし、問題ないでしょう」ということで、一緒に売主へ決済日延長のお願いに伺いました。しかし売主からの回答は「決済の延長は認めない! これは契約破棄と同等であり、多大な損害が発生するため100万円の違約金を払え」とのこと。一晩悩みに悩んで、翌日にその条件をのむ旨を伝えました。

すると、売主から「物件価格の20%に当たる契約違約金520万円を払わなければ認められない。それか即日購入額を用意すること」と要求がエスカレートしていきました。その後、弁護士に相談し、違約なしで無事に物件を購入できましたが、ヒヤヒヤものでした。

【解説】

ウソみたいな話ですが、本当の体験談です。今振り返ると、ローン特約なしで契約をするなんて、完全に「不動産欲しい欲しい病」の末期症状だったと思います。

物件を購入する者の姿勢として必要なのは、「座りながら走る」つまりは、「体は熱く、心は冷静に」という心理状態です。

事例に沿って解説しますと、不動産の情報に常に網を張り巡らせ目を光らせている状態や、紹介された物件をその日のうちに内覧して買付申込を入れること（理詰めと数値に裏付けされた根拠のある買付申込があることが条件ですが）は、「走っている状態」と言えます。

その一方、ローン確定となっていない状態でローン特約なしの契約をしたり、「決済日→金銭消費貸借契約」と時系列を逆算して融資先の金融機関を確保することを怠ったり、重大なイレギュラーが発生した瞬間に第三者（特に専門家）に相談せず判断を下すことは、「座りながら走る以前に、目をつぶって走っている状態」と言えます。

もう一つ加えるならば、読者として第三者の立場でこの本にあるような他の投資家の体験事例を読むと、「売主にいいように言いくるめられてるなー。自分はそんなことは絶対にない」というように思われるかもしれません。

ここで重要なのは、皆さんが**当事者である時にどのように感じ、どのように立ち振る舞えるか**ということです。

仮に「購入したくてしようがない物件に他の購入希望者がいて、他の購入希望者が自分よりも先に今にも買付もしくは契約を結びそうだったら？」「買付から売買契約まで時間がないため、契約書は契約の場に直接用意するとの説明を受けたら？」「何度もシミュレーションをした購入可能な融資条件よりも、少し悪い融資審査結果が出た場合は？」などなど、不動産投資家はこのような微妙な判断や時間のない中での判断を繰り返し行う必要があります。

とはいえ、判断を保留にしてその場に座り込んでしまっていては、いつまでたっても前に進めず、現状維持となり何も変わりません。判断力をつけるためには、様々な経験をオープンな心で受け入れ、小さい判断を積み重ねていくことが求められます。

判断を不動産屋や仲間に丸投げするだけでは、いつまで経っても判断力は身につきません。あくまで、自分で考え、自分で判断をすることが必要です。もし間違った判断をしてしまっても、その経験を次の判断の時に活かせばいいのです。

最後に、事例の終わりに記載したリカバリー方法の詳細を、知識面を中心に解説します。

物件価格の20％にあたる契約違約金520万円の支払いを迫られた日に、すぐ弁護士に相談をしました。

弁護士と相談した結果、数時間後には支払請求が妥当ではないことについてFAX、メールにて内容証明を送り、最終的には遅延損害金を1万円ほど支払うことで、決済日を4日遅らせることができました。そこまで優位な状態に形勢逆転できた理由は、売買契約書の条文にあります。私の契約書では、「契約の解約」の章は次のような文章になっていました。

> 買主または売主は、その相手方がこの契約の各条項の一に違背し、期限を定めた履行の催告に応じない場合には、この契約を解除することができるものとし、この契約に違反した者は、その相手方に対して標記売買代金の20％相当額を違約金として支払うものとします。

契約書の文章の中の「期限を定めた履行の催告に応じない場合には」という言葉に救われたのですが、この文章の意味は、「契約書の内容に違反行為があった場合、一度歩み寄ってあげましょう。そして一定期間待っても解決されない場合は、違約金を請求できます」というものです。

今回のケースでは、「決済日を延期するという違反行為があったが、いつならば決済できるのかを一度歩み寄り、それでも決済日が守られないようならば、違約金を請求できる」ということになります。決済予定日の4日後には実際に決済できる状況でしたので、過去の判例から1週間程度が目安と言われている〝期限を定めた履行の催告〟の期限内に解決することができたため、売主は一方的に解約をすることができなかったのです。

発生頻度
★★
影響度
★★★★

満室だと安心していたら、満室偽装だった!?

購入 9

事例 インターネットで札幌の物件を見つけた時の話です。その物件は、関東では考えられない高利回り、しかも築年数が短い木造のアパート。さらに、満室のオーナーチェンジ物件で客付けの苦労もなさそうでした。待ってましたとばかりに、即座に満額で買付を入れました。そして、そのまま無事に現地で契約との運びとなりました。

「これで自分も北海道に物件が持てる!」「出張経費で札幌に行ける!」と、心はすっかり旅行気分でウキウキでした。飛行機で札幌に着き、契約前に一応物件に寄ってみました。物件を見るのはその時が初めてでしたが、グーグルマップや写真などで確認していたので、すぐにお目当ての物件を発見できました。築浅のため、外側から見ると建物状態も良さそうです。

確かお昼過ぎだったと思いますが、外出しているのか8戸中3戸の窓にカーテンが掛かっていたのですが、それが何だか変なのです。不自然なぐらいしっかりカーテンが締められていたのです……。何だか胸騒ぎがして、カーテンの横のちょっぴり開いたすき間から部屋を覗いてみました。そうしたら中は空っぽ。人が住んでる気配がありません!

「満室偽装だ!」と頭に来て不動産屋さんを問い詰めたら、最初は否定していたものの最後はしぶしぶ認めました。もちろん契約は結びませんでした。ちょっと情けなかったのは後日大家仲間に話したら、「そこ知ってる! やり方がエグイって評判の業者だよ!」とのことでした……。北海道に行く前に聞いておけば良かったと後悔しています。

【解説】

不動産投資は良くも悪くもプチビジネスです。色々な取引業者との付き合いが発生します。最近はインターネットが発達したため、様々な情報が簡単に入手できます。ネットは手軽ですが、不動産はインターネット上に存在するものではなく現実に存在します。そのため、購入、融資、運営はネット上では完結することはできません。生の現場でのビジネスが待っています。

まず、**取引先との付き合い方を会得するためには、「できるだけ多くの不動産屋に会う！」ことしかありません。** インターネットで物件を問い合わせた場合でも、契約までをメールのやりとりだけで済ますのはオススメできません。サラリーマンだと日中の面談は難しいですが、会社の帰りに不動産屋にアポイントを取って直接お店に寄ってみるという方法があります。

遠方の場合はお店に行くことは難しいですが、メールだけではなくぜひとも直接電話して、挨拶すること心がけましょう。あなたの熱意も伝わりますし、そのうちに自分に合う不動産屋、気の合う営業マンが見つかるはずです。

気をつけたい不動産屋として、電話営業を主体とした業者は避けた方がいいでしょう。電話で勧誘される物件には良い物件はないと心得ましょう。さらに、物件紹介を受けるためメールアドレスの登録は仕方ありませんが、見込み客に一斉メール送信を行う業者から良い物件が紹介されることも非常にまれです。一方的な情報の押し付けで（キャッシュフローと利益の説明もなし。返済比率などの説明もないなど）、この物件は良いですよと迫られた場合は慎重になりましょう。

最初のうちは何を質問していいのかわからないだけに大変ですが、心から納得するまで質問を続けましょう。いきなり「これから物件の確認をしましょう！」と現地を見せ、ゆっくり考える間を与えず、たたみかけるような業者もいます。**具体的に何がどう良いのかを丁寧に説明してくれる、もしくは欠点も含めて説明してくれる不動産屋は誠実な業者**と言えます。

さらに、良い不動産屋の見分け方として宅地建物取引業免許証番号の括弧内の数字を見るのも一つの手掛かりになります。「東京都知事(1)第○○○○○号」とある場合、新規免許取得後5年以内の新しい不動産屋であることを意味します。5年毎の免許更新で括弧内の数字が2、3と増えていくので、数字が大きければそれだけ歴史のある会社ということです。

ただし、開業からの歴史を表す括弧内の数字は、個人事業から法人化した場合に新たに(1)に振り直されるなど、必ずしも業歴を表してはいないので、あくまで目安にとどめましょう。

不動産投資家向けにどんどん物件情報を紹介してくれるベンチャー系不動産屋の対極にあるのが、町に古くから根づく、いわゆる町の不動産屋です。駅前にお店を構えていて、窓にぺたぺたと物件情報が貼ってありますね。

彼らは地元の地主をお得意さんにしています。おおむね、歴史はありますが対応スピードが遅く、のんびりしています。いまだにメールでの連絡は苦手という人も多いです。彼らと仲良くなるのは骨が折れますが、ゆっくり人脈を築くのも、遅いようで確実な成功投資への手法です。

不動産業界は**属人的スキルに負うところの大きい業界のため優秀な営業担当との出会い、相性**

も大事です。ただし、不動産業界は転職の多い業界であることも理解しておきましょう。不動産屋さんとの良い関係づくりのためには買う側としての心得も必要です。

▽1　買う意欲があることをアピールする
▽2　買える人間であることを強調する

この2点は非常に重要です。不動産屋もビジネスです。物件を一生懸命紹介しても買ってくれない、買えない、という無駄骨は避けたいと思っています。まずは熱意を伝えましょう。その上で希望物件をきちんと説明することも重要です。とにかく安い物件、儲かる物件とおねだりしても、相手は困ってしまいます。

一棟物がいいのか、区分がいいのか。築浅が希望なのか、築古でもいいのか。木造が好みなのか、RCや重量鉄骨はどうなのか。また、**表面利回りだけを指定するのも考えものです。表面利回りだけを追求するとリスクの高い物件を紹介される**可能性が高まります。そのリスクに対して、自分が許容できる（対応しきれる）かどうか、真剣に考えておきましょう。

むやみに理想的な物件を追い求めるのではなく、例えば、「接道の悪さや土地の形状は気にしないが、駅から遠い物件や狭小間取りは避けたい」というように、自分のOK・NGの条件を明確にするようにしましょう。不動産屋に**口頭で説明するだけではなく、自分の希望する物件をまとめた資料を用意する**ことなども効果的です。具体的な希望物件がわかりますし、自己紹介も合わせて記載すれば、さりげなく「不動産を買える人間」であることのアピールにもなります。

発生頻度
★★★
影響度
★★★★

慣れたと思って、契約書をしっかりチェックしなかった!?

購入
10

事例　これは私が2棟目となる物件を購入した際の話です。1棟目の物件を土地から新築のアパートを建てて少し不動産投資の自信がついている時でした。そんな時に友人から教えてもらった不動産屋を通じて物件の紹介を受けました。

その物件のある場所は横浜でも人気のエリアであり、実際に物件の近所のいくつかの不動産屋へヒアリングしてまわったところ、立地も良く入居についても問題ないという事もわかり、早速、買付を入れました。その後、紆余曲折を経て売買契約ができるという状況になりました。

私は、2棟目の購入ができる喜びと、友人から教えてもらった業者ということで完全に信頼しきって契約内容や重要事項説明書について、事前の確認をせず、契約当日も細かく書類を確認せずに、そのままどんどんとハンコを押していきました。

しかし、それは大きな失敗でした。後で契約書を見てみたら、融資特約の期間（融資が条件に見合わない場合に契約を白紙解約できる期間）が、かなり短く設定されていました。

複数の銀行をまわったのですが、どこも融資が難しく1つの銀行を残して全て融資NGの回答でした。残る1つの銀行の審査結果はなかなか出てこず、すでに融資特約期間を大きく過ぎてしまったのです……。

結果としては、最後に打診をしていた銀行から何とか融資OKの回答をもらえ、無事購入することができ、ことなきを得ました。ただ、もし融資が通らなかった場合は、解約金として物件価格の20%の支払をしないといけないところでした。後で知って冷や汗を流しました。

［解説］

すでに文章を読んでお気づきだと思いますが、今回の失敗は、

▽１　物件が手に入るという喜びで舞い上がっていたこと

▽２　友人に教えてもらったという安心感から不動産屋を信頼しきってしまっていたこと

という2つの要因により、契約書と重要事項説明書の確認を怠ったということにあります。

不動産投資は、文字通り「投資」です。多くの投資の書籍に書いてあるように、投資は感情的にやってはいけません。不動産投資も投資ですので、感情的になってはいけないのです。特に、**不動産投資は他の投資と比較して、購入すること（自分の希望する物件を取得すること）の難易度が非常に高いため、「物件が購入できる」となると、とても嬉しくなって心は高揚して冷静でいられなくなります。**

しかも、今回は不動産投資として2つ目の物件だったこともあり、1回目の時は、初めて物件を取得するという緊張感から購入の過程の色々なことを慎重にできましたが、2回目ということで慣れによる油断で気が緩んでしまいました。

実際、多くの不動産投資家の話からも、不動産を取得する回数として2回目から5回目ぐらいに慣れによる油断を経験しています。その油断によって、大なり小なりのミスをしています。

そのミスを反省し、その後は慣れによる油断をしないように自らを戒めるというのが、不動産投資で成功している先輩投資家の方々からの教えです。皆さんも、**初めから慣れによる油断には十分に注意しておきましょう！**

次に、不動産業者を信頼しきってしまったことの反省点ですが、今回の契約内容についてもう少し詳しく説明すると、通常であれば融資特約期間は売買契約から最低でも1ヵ月程を目安にとります。それが今回のケースでは、売買契約から2週間弱で融資特約期間が切れるという内容になっていました。融資特約期間を過ぎて、契約を履行できない場合（最終的に物件を購入できない場合）は、契約書に記載の解約手数料（通常、物件価格の10～20％）を支払う形になります。

購入を予定していた物件は5000万円を超える価格だったため、もしも融資が下りず物件を購入できなければ500万円～1000万円の解約手数料を支払うところでした。

もちろん、金融機関が審査に手間取って時間がかかっていて、審査結果が出る時期が融資特約期間を過ぎそうな場合は、買主と売主で別途覚書きなどの書類を交わすことにより、融資特約期間を延長することは可能です。そのため、事前に融資特約期間を把握して、きちんと手続きを踏めば問題ありませんが、最低でも契約時に特約期間を確認しておくことは必須です。

この融資特約期間に限らず、売買契約書や重要事項説明書では、物件について非常に重要な情報が数多く記載されています。**融資特約期間以外に、特に確認すべき内容としては、手付解約期**

間、接道状況、都市計画区域の種別、その他特記事項で物件についての状況を全て確認する必要があります。これまで一度も聞いたことのない事項が、契約書や重要事項説明書にさらりと書いてあることもあります。初めて知った事項や、不明な点がある場合は全て事前に確認をしておく必要があります。

どんなに友人の紹介で信頼がある不動産屋といっても、契約の中で何か見落としがあった場合は買主の自己責任となります。面倒くさくても、お願いしづらくても、**契約書や重要事項説明書は、絶対に契約前に細かく確認をしておきましょう。**しっかり契約事項を確認することが、その後も業者と健全な関係を続けていくことにも繋がっていきます。

私はこの経験を経て、売買契約の３日前までには、契約書と重要事項説明書の書面をもらい、事前に目を通すようにしています。そして細いと言われそうな箇所まで確認し、記載事項が理解できない時には、不動産屋に必ず記載事項の確認をするようにしています。もし、契約日までの期間が非常に短い場合でも、前日には必ず契約書と重要事項説明書の内容は確認しています。

皆さんも、できるだけ事前に売買契約書、重要事項説明書を受け取っておき、事前に目を通しておくことを強くオススメします。そして、「契約に関する書類は事前に確認することが自分のやり方である」というぐらい、不動産投資における契約に関する心構えをしっかりとしておくことで、慣れなどの油断も防止することができるでしょう。

発生頻度
★★★
影響度
★★★★★

不動産投資の知識がないまま不動産を購入してしまった!?

購入 11

事例　私が不動産投資を始めたきっかけは、不動産投資の本を読み、働かずに毎月収入が入るなんてすごい！と単純に感激したためです。関連書籍を5、6冊読み、そして無料のセミナーに数回参加して不動産投資を理解したつもりになりました。

最初に検討した物件は、約3000万円の新築ワンルームでした。不動産屋から「こんな物件はなかなか出ないです」と勧められた通り、立地はかなり良く、空室の可能性は低いと感じました。また、融資についてはオーバーローンも可能で、ほとんど初期投資なしで購入できる状況でした。ただ、表面利回りが3％前後と低く、賃料収入から返済額や管理費、修繕積立金を引くと、毎月数千円程度の手残りでした。不動産オーナーになることができることと、月に少額でも収入ができることが夢のように感じ、本気で購入しようとしましたが、家族含め周りの方からの制止が入り結局、見送ることとなりました。

懲りない私は、もう少し利回りが高くかつ金額を少し抑えた表面利回り6％の築20年弱の2000万円弱のワンルームに出会いました。収支を考えると、手残りで月に1万5000円程度が収入として入る計算でした。現地調査を行った同日中に買付証明を入れて、頭金の10万円を支払ってすぐに売買契約をしました。初めての高額の買い物に少々恐怖を覚え、契約後に色々と調べました。結果的に、私が購入しようとしている価格は割高で、過去にその物件が購入されていた時の価格よりも高い価格で購入しようとしていることがわかったため、雪の舞うクリスマスの日に、クーリングオフの手続きをしました。今でもとても思い出深いクリスマスです。

【解説】

この経験を経て、まだまだ自分には知識が足りないことを実感して、この後、半年〜1年程不動産投資の学習しました。良いセミナーとの評判を聞けば有料セミナーでもどんどん参加しました。そしてそれと同時に、情報交換をできる仲間を増やし、さらに自分が行おうとしている投資方法を実践している人の話を実際に聞きにいきました。そこでやっと不動産投資の奥深さと、中途半端な知識では失敗してしまうことがよくわかりました。

私が不動産投資をするまでに苦労した経験を元に不動産投資の学習を効率的に行うためのステップを説明します。

ステップ1「書籍を読む」

少し大きな本屋さんに行くと投資ジャンルの中に不動産投資コーナーがあります。実は結構な種類の不動産投資の書籍が世の中にあります。不動産投資には、投資対象の不動産の種類としてアパート、区分マンション、戸建て、賃貸併用住宅、駐車場などがあります。初めは、それぞれの種類について書かれた書籍を1冊ずつ購入して、読んでみると良いでしょう。

書籍を読んだ結果、**自分がやりたいと思える不動産の種類が見つかったら、その種類について書かれた他の書籍を5冊から10冊読めば、おおよそ投資方法の概要が理解できると思います。**書籍は1冊1000円から2000円程度のため、とても安く情報を収集することができます。もし、10冊読んでも理解が不足していると感じたら、さらに5冊、10冊と書籍を読んで情報を収集することをオススメします。

ステップ2 「電子商材（CD・DVDなど）で学習する」

書籍から不動産投資の情報を収集した後に、もっと深い知識を得る方法としてCDやDVDなどの電子商材から情報を得る方法があります。電子商材の価格はおおよそ書籍の10倍、およそ1万円から10万円ぐらいになります。**書籍より価格が高いため簡単には購入できないと思いますが、書籍にはない貴重な情報があることが多い**です。購入する際には、口コミやレビュー、すでに購入したことのある方から電子商材の評価を聞いてから購入しましょう。

ステップ3 「セミナーに通う」

書籍や電子書籍は、自分ががんばらないと情報収集できないですが、セミナーは講師がわかりやすく説明してくれるので、受け身の姿勢で情報収集することができます。書籍や電子書籍ではよくわからなかったという方は、セミナーから情報収集するのが良いでしょう。

セミナーには質疑応答の時間があることが多いですから、講師に直接質問することができるため、疑問に思っていることがあれば会場で質問しましょう。

ちなみに、**セミナーに参加する際には、講師がどんな人物なのかインターネットで検索すると**いいと思います。講師が活動している会や講師の著書などが検索結果として出てくると思います。このように、セミナーを申し込む前にインターネットで事前調査をすると時間をムダにしないと思います。

また、セミナーには無料のものと有料のものがあります。無料のセミナーは集客を目的としたものになりますが、初心者として不動産投資の情報を収集する場合は有効だと思います。無料のセミナーは文字通り無料ですので、できれば多くのセミナーを受講することをオススメします。複数のセミナーを受講すると色々な情報を収集できて参考になります。

有料のセミナーは、お金を払うので当然ですが無料のセミナーよりも情報の質が総じて高いです。**価格帯によりますが数十万円を超えるセミナーは、主催者がセミナーの内容に自信があるということになるので、良い情報を多く収集することができる**でしょう。ただし、価格が高いセミナーは出費が大きいですから、過去のセミナー参加者の評判をしっかり確認してから申し込むようにしましょう。

このようなステップをたどることによって、効率よく短時間で不動産投資を理解することができます。不動産投資は扱う金額が他の投資よりも大きいため、安易に不動産投資を始めてしまうのではなく、事前にしっかりと学習をしてその知識でリスクヘッジをする必要があります。

不動産は購入時点で９割は成否が決まると言われています。かつ不動産は非常に高額な買い物でもあるので、場合によっては一発で破綻することもありえます。事前の準備をしっかりした上で不動産投資に取り組んでください。

発生頻度
★★

影響度
★★★★

土地の購入後に土地の境界でお隣さんともめてしまった!?

購入 12

事例 不動産投資の一番初めの物件として、築古の一戸建てを現金で購入しました。一戸建てを初めての物件に選んだのは、一戸建ては最小の1棟物件のため、リフォームを実践できると思ったからです。購入時には、建物の内外のチェックはしっかりしたのですが、お隣との境界問題は確認しないまま購入しました。

一戸建てを購入後、まずは菓子折りを持ってご近所の挨拶回りです。そして、お隣にお邪魔をした際に問題が勃発しました。私が購入した一戸建ての前のオーナーへのたまりにたまった罵詈雑言が私に向けられたのです。

どうやら私は前のオーナーの仲間のように思われたようなのです。前のオーナーとは関係のない赤の他人ですと説明してもわかってもらえず、全然会話になりません。外壁のリフォームの際に足場を組んだら前のオーナーから激怒されたとか、前のオーナーが無断で自分の土地に出入りするとか、お隣のリフォーム工事で大工に屋根の一部を壊されたとか、前のオーナーに対するマイナスの感情があふれにあふれています。

その後、何度かお隣のお宅に説明しに行ったのですが、毎回罵声で追い返されました。挙句の果てには、何と私の家まで文句を言いに来てドアを蹴飛ばすなど、とても常識では考えられないことにまで発展しました。

説得するのをあきらめ内容証明を送ったり、弁護士と一緒に説得に行くなどの対応をすることで何とか関係は修復されましたが、疲れ果てました。

【解説】

境界問題があると、後々さらに大きなトラブルの原因となる可能性があります。というのも、境界問題は生物の縄張りに相当するものだからです。そんな縄張り争いである「境界問題」の要因は「精神面」であることがほとんどです。

前のオーナーとのトラブルが根っことなり、その嫌悪感がお隣の「精神面」に深く影響を与えるのです。主に、音問題、植物問題、ご近所付き合いなどトラブルが原因です。

音問題は、テレビや音楽の音はもとより、掃除機や深夜のシャワーの音などの生活音によってお隣が不快な思いをすることがキッカケとなり、フラストレーションがたまっていって、ある時クレームという形で噴出します。その際に、クレームを受けた側にお隣へご迷惑をかけたとの認識があればいいのですが、一般にクレームを受けた側は、音で迷惑をかけたつもりがないとの認識のため、単に文句を言われただけとして受け取ることが多いです。

そしてこのクレームをキッカケとして、お隣との関係がギクシャクし始めます。その後、ことあるごとにお互いが些細なことでクレームを言い合う関係になり、修復が難しい状態にまでなることもしばしばです。

植物問題は、自分の庭に生えている木や草などの一部がお隣に越境してしまうことや、木の落ち葉がお隣の庭に入ってしまうことをキッカケとして発生するトラブルです。

ご近所付き合いの問題は、ゴミ当番や町内会の活動などから些細なコミュニケーションの行き違いを発端として発生するトラブルです。

いずれの問題もお隣の気持ち、つまり「精神面」から来る問題になるので、対応方法もお隣の気持ちを尊重することから始まります。おおよそ次の順序での対応が必要となります。

▽①　お隣へのご挨拶
▽②　これまでの経緯の理解
▽③　改善策の検討と提示
▽④　改善策の実行

①の対応では、**単純にお隣へオーナーが変わったことを挨拶するだけではなく、前のオーナーと自分が赤の他人であり、単に物件を購入した買主に過ぎないことをわかってもらう**必要があります。自分ではお隣への説明が難しいと思った際には、売買の不動産屋の担当と一緒にお隣のところに行き、自分の代わりに不動産屋の担当に説明してもらいましょう。不動産屋が説明することで客観性を持った話となり、お隣も理解してもらえる可能性は高くなります。

②の対応では、お隣が抱えているこれまでのフラストレーションを吐き出してもらうことを目的に、前のオーナーの方とのいざこざを話してもらいましょう。その際には、**うなずきや傾聴をしっかりして、お隣の心を解きほぐしましょう。**また、相手に断わってからになりますが、話を聞きながらメモすることも効果的です。

③の対応は、②から少し期間を開けて行う方が好ましいです。ただし、②の最中に明らかな改

善策が自分とお隣の間で認識できた時は、そのまま改善策を提示すればいいと思います。ですが、うまくいくケースはなかなかないので、改善策の提示まで少し期間を設けて、その間に改善策を検討して、より良い改善策を提示できるように準備しましょう。

改善策を検討する時のポイントは、「お隣の立場に立った時に受け入れられる改善策となっているかどうか」になります。自分にとってプラスとなるだけの独りよがりの改善策では、お隣は納得しないでしょうし、自分との関係も悪化しかねません。ポイントを押さえた改善策が準備できたら、改善策を提示しましょう。ちなみに、お隣へ提示する改善策は理想としては複数のパターンがあるといいです。仮に1つ目の改善策がお隣の意にそぐわなくても、複数の改善策があれば2つ目、3つ目と提示することで、どれかがお隣に納得してもらえる改善策となる可能性もあります。

④の対応は、③の実行後できるだけ早急に行いましょう。**早く対応することは相手に誠意を伝えることになります。**

このように、お隣の「精神面」に深く食い込んでいる前のオーナーへの嫌悪感を取り除くことで、これまで存在していたお隣と前のオーナーの間で揉めていた問題がなくなります。

ただし、この対応方法でも全く対応できない、事例で紹介したような状態になってしまった場合は、同様に内容証明を送ることや、弁護士に仲裁をお願いするなどの方法も検討する必要があります。

発生頻度
★★★
影響度
★★★★

ハザードマップを調べずに不動産を契約してしまった!?

購入 13

事例 新築アパートの建築で土地を探していた時のことです。候補として挙がったのが、不動産屋から提案のあった、小さな川の隣接地。駅前のにぎやかさは感じられませんでしたが、土地の価格は相場からすると比較的安価で、最寄り駅からも徒歩10分圏内。候補の中で各室の平米数を多く取りやすかったこともあり、買付申込をしました。

建築プランの図面も作成してもらい、融資の面接・承認もおりて、売買契約を結ぶ3日程前のことです。売り主側の不動産屋から、「最近の台風で床上浸水があったことを言っていなかった」と連絡が入ったのです！

浸水被害に無縁だったこともあり、まったく考えていなかった話でした。それから急いでその土地の床上浸水について調べました。ハザードマップが浸水を想定するエリアに該当しているのを皮切りに、ネットの投稿記事では、腰まで達した浸水の様子の写真や、最近の台風以外にも、過去にも浸水被害が多発していることを述べた記事が見つかりました。

滅多にない事象ということであれば、基礎を高くするなどで対処して良いかと思いました。しかし、多発しているにもかかわらず、行政がなかなか対処していないとの不満の声も多かったため、すぐに解消できる問題ではないと思い、売買契約はキャンセルを申し入れました……。

自分が事前に確認していれば、買付前に見送ることもできました。融資承認をしてくれた金融機関にも申し訳なかったですし、売主にも私が買付申込をしたことで広告を打てなかった期間ができてしまったことに、本当に申し訳なく思った一件でした。

［解説］

ハザードマップは洪水・液状化・土砂災害・火山といった、自然災害ごとに区分されているものと、避難経路や避難場所を載せた防災マップがあります。今回の事象では、洪水ハザードマップを参考にしました。**ハザードマップの作成は自治体が任意に作成し、ほとんどがインターネットで気軽に参照できます。**国土交通省の洪水ハザードマップ作成指針に記載されていますが、ハザードマップに記載のある浸水想定エリアは〝ある想定の下〟での計算結果を基に作成されていて、〝ある想定〟はそれぞれの自治体で異なります。

東京都内の場合、東海豪雨（平成12年９月11日未明から12日までの総雨量５８９ｍｍ、時間最大雨量１１４ｍｍ）を参考にしていることが多いようです。横浜市のケースでは、実際に観測されたケースを基に、〝1時間で90ｍｍの大雨〟や、〝24時間で約２９０ｍｍの大雨〟といったふうに、川ごとに実際に観測されたケースで想定しており、エリアの歴史に沿った親切設計になっています。さらに親切な自治体では、「浸水実績図」という、実際に浸水被害が起こった箇所について公表している自治体があるので、より実害の状況を把握することができます。

今回キャンセルした土地の自治体もハザードマップを作成しており、想定は昭和33年に起こった狩野川台風（最大時間雨量60ｍｍ、総雨量３３２ｍｍ）を想定していましたが、浸水の起こった際には1時間で約70ｍｍの雨量を記録したそうです。ハザードマップに記載されている想定は決して〝最悪〟ではなく、それ以上も起こり得るということを認識した方が良さそうです。

ハザードマップがない場合でも、「（地名） 浸水」などで検索してみると、地元人を名乗られるブログや、「2ちゃんねる」の「まちＢＢＳ」に検索が引っ掛かる場合があります。その場合、詳しく確認した方が良いでしょう。地元の人が思いを込めて書き込みしていることが多く、信頼性は高く感じますが、ネットは匿名性が強いため、ウソも本当のことのように記載されていることもあるので１００％鵜呑みにはできません。**近隣の方に勇気を持って聞いてみるのが一番です。**長く住んでいる方ほど、こちらの質問に対して、リアルに教えてくれる可能性が高いです。

裏がとれたら、その後の対応を自治体に確認しましょう。近隣の人の聞き込み調査で、インターホンを鳴らしても応答がなかったり、井戸端会議をしている奥様方などが見つからなかった場合は、聞きこみ調査をやめて自治体に直接聞いてもいいと思います。記録上で確認できる可能性があります。

私が売買契約をキャンセルした後、購入を決めた土地はまたもや河川近くでした。比較的大きい河川の下流域でした。浸水の話は前回の土地のようにネットでははっきり見当たらなかったのですが、まちＢＢＳに浸水があったとコメントが残っていました。そのことが気になり、近隣の人に何件か伺ったところ、確かに20年近く前に浸水被害があったことがわかりました。

浸水被害については過去に一度だけだったとの話だったので、役所にも確認したところ、浸水被害を出した後、河川の掘削工事と護岸補強をしたと説明してくれました。災害後に対策をしっかりとしている分だけ安心感はありましたが、下流域である以上、リスクはつきまといます。基礎を高めにする分、安くしてもらえないかを交渉し、値下げをしてもらった上で売買契約を結びました。また、キャンセルした土地の融資をそのまま利用し、アパート建築をすることができました。

売却価格について、通常は土地の評価額に反映されているとは思いますが、売主が自然災害のリスクを考慮していなかった場合、価格交渉の一つに使用できます。また、浸水被害以外にも、液状化・地すべり・噴火災害など、地域特性によって起こり得る可能性があります。

災害の被害に対処ができるように保険に加入しておくのはもちろん、自治体が災害被害に速やかに対応できるだけの財政を保っているか、自治体の財務状況を確認しておくことも大切です。

河川氾濫のケースでは、一級河川の大臣管理区間は国土交通省が、一級河川の指定区間と二級河川は都道府県、そして準用河川・普通河川は市町村、といったふうに、河川の区分によって管轄が変わります。管轄が２つ以上にまたがっている場合は、必要に応じそれぞれの対応状況を確認した方が良い可能性があります。場所によっては、責任問題の押し付けで災害対策が進まないこともあるようです。また、地すべりなどの土地に対する災害後の対応については、私有地である場合、一向に対応してくれないことも考えた方が良いかもしれません。

自然災害はいつ起こるかわからない危険があります。被害が何回も出ているのに自治体が何もしてくれないとなると、最悪、「住民の流出→自治体に収入が入らない→地域の衰退」という悪循環に繋がりますので、物件選びには見逃せない重要な項目と考えましょう。

発生頻度
★★
影響度
★★★

不動産を買ったらお金がなくなってしまった!?

購入 14

事例　私は本業で建築業界に25年以上身を置いています。最初の不動産投資で融資を受けて一棟物のビルを購入したものの、融資に関する事柄の勉強不足から借金に対しての抵抗がとても強く、積極的な不動産投資に踏み切れずにいました。それどころか、とにかく借金が怖かったので過去に購入したビルは繰り上げ返済して借金完済！

そんな時に、本書の監修者である御井屋蒼大さんの著書『借金ゼロで始める「都市部一戸建て」投資法』を読みました。築古の一戸建てを安く買ってリフォームして直すなら、ずっと建築業界にいる自分にはピッタリな投資方法だと思い、築古の一戸建てをなけなしの現金で購入しました。

購入した時点で手持ちの現金は、ほぼゼロ。そのため、リフォーム費用の総額350万円は手元にありません。急遽、リフォーム費用を日本政策金融公庫から借りました（融資金額350万円、返済期間6年）。その後、リフォームが終わり、入居者も決まって、家賃が入ってくる状態になりました。本来であれば利回りの高い物件のため、キャッシュフローが多くなるはずだったのですが……。

日本政策金融公庫のローンの返済期間が6年と短いので元本返済額が大きく、元本と利息と合わせた返済額は当然大きい金額になりキャッシュフローがとても少ない状況になりました。

結果として、投資の次のステップとなる新築アパートは、手持ち物件を担保に入れることが必須となってしまいました。投資として失敗したわけではないですし、現金購入の可否は人それぞれかと思いますが、今回のケースは手放しで喜べる状態ではなくなってしまいました。

[解説]

今回の事例は、物件を購入することだけで現金を全額使ってしまい、その後に必要となるリフォーム費用をきちんと考えていなかったという失敗です。

「私はそんなミスはしない」と言われるかもしれませんが、**リフォーム費用**以外にも不動産を購入した後に費用が発生します。代表的な例として、**不動産取得税**があります。不動産取得税は、不動産を取得して半年経過して忘れた頃に請求が来ます。しかも不動産取得税は土地と建物の評価額にもよりますが、結構大きな金額となることが多いため、請求が来た時に現金が不足していて慌てることも少なくありません。さらに、加入は自由ですが**火災保険・地震保険**などの各種保険も補償内容によってはある程度のお金が必要になります。

事実、どんな投資でも手元の資金は必要です。ただ、不動産投資は金融機関からの融資が使えます。有名なところでは、物件価格を借りる「フルローン」、物件価格と諸費用の総額を借りる「オーバーローン」があるので、手元の資金はあまりいらないというイメージを持っている方もいるかもしれません。確かに、オーバーローンであれば全くお金を支払わずに物件を購入できますが、オーバーローンの可能性はかなり低いです。さらに、フルローンの場合、物件価格以外の諸費用の全てを自分で支払う必要があります。**購入時の代表的な諸費用としては、不動産仲介手数料、不動産登記費用、融資諸費用、印紙代などがあり、物件価格の5%程度は必要になります。**その後に発生する費用のことも考えると、現金は多く持っていればいるほどいいのです。

発生頻度
★★★★
影響度
★★★

融資の条件が良くない銀行でお金を借りてしまった!?

購入
15

事例　とある物件を購入できてほっとしていたことを別の不動産屋に話したところ、「あ〜A銀行で借りたんですか……あなたなら、最初にB銀行で借りて、その次にA銀行で借りた方が良よかったですね。うちならそういう順番で持ち込んだのに、おしいなぁ」と言われました。

保有不動産を増やそうと考え、様々な不動産屋に接触している途中だったので、ショックでした。もっと早く誰か教えてくれよ〜、とブルーな気分でその不動産屋から帰宅したことを覚えています。

当時の金利はB銀行が2%台、A銀行が4・5%。どちらの金融機関もサラリーマンの不動産取得に積極的に融資することで有名です。ただし、年収に対する融資上限などの条件が異なるため、どの銀行に融資を申し込むのかという順番が重要になるという話でした。

当時、自分が資料を取り寄せていた不動産屋は、比較的どこも、不動産と融資をセットで勧めてくれるところが多く、たまたま最初に買った物件が不動産とA銀行の融資がセットでした。今さら融資付けをやり直すわけにもいかず、後悔してもあきらめざるを得ません。不動産屋が不動産と融資をセットで紹介してくれていたため、それに甘えて少し勉強不足だったかなと反省しました。

それからは各金融機関の融資姿勢を不動産屋から教えてもらったり、自分でアポイントを取って銀行を回ったりと各行の融資姿勢を勉強しました。今でも、定期的に情報収集をしています。考えてみれば、不動産投資もビジネス、環境変化を敏感に察知する経営者マインドが必要ですね。

【解説】

融資は購入時の物件選びと並ぶ重要ポイントです。融資は借金ですから、借金をリスクととらえ現金購入を中心とする不動産投資手法もあります。ですが、不動産投資は、融資を活用することで少ない資金で大きな金額の不動産を購入するという「レバレッジ」（てこの原理）を活用できることが、他の投資と比較して優れた点になります。

初めてサラリーマンが不動産投資をする時に積極的に融資をしてくれる銀行やノンバンクは、他の金融機関に比べて多少金利が高いですが、融資をしてくれること自体がとてもありがたいことなのです。

サラリーマンに積極的に融資をしてくれる銀行は、サラリーマンの収入を返済原資として融資の審査を行います。サラリーマンの属性を重視するため、公務員や大企業の方のように企業評価が高ければ融資は通りやすく、他の金融機関では融資してもらいにくい中古物件でも融資が可能というメリットがあります。ただし、年収による融資制限があり、金融機関によりますが年収の20～30倍までが融資限度となります。

良くも悪くも理解しておきたいことは、不動産の評価ではなく「サラリーマンの属性評価」を中心としているため、収益評価が良くない物件でもローンが組めてしまうという側面があるということです。**金融機関が融資ＯＫと評価したとしても、いい物件かどうかは別問題**ということです。

サラリーマンに優しい金融機関は不動産投資のスタート時にはとてもありがたい存在ですが、年収による融資制限のため不動産投資の保有不動産を拡大していく場合には限界が出てきます。そのため他の金融機関に借り換える、他の金融機関も併用する、などの戦略が必要になってきます。一般的に金融機関の融資期間は「建物の法定耐用年数」に準拠しますが、金融機関によって融資期間の判断にはバラつきがあります。**融資をお願いしたい金融機関の「木造」「鉄骨造」「RC造」の法定耐用年数はぜひ確認**しておきましょう。

物件の評価金額には大きく「積算評価法」と「収益還元法」の2つの方法があり、金融機関によってどちらを重視するかはバラバラです。また、物件の評価金額そのものが融資金額になるわけではなく、評価金額の7割とか8割を融資金額とする金融機関もあります。

これら**金融機関別の設定基準を理解することにより、欲しい物件が出た時にどの金融機関に相談すればいいかを判断する**材料にしましょう。事前に金融機関の融資姿勢の情報を収集しておくことで、いざという時に融資をお願いする金融機関を迷ってあたふたすることもなくなります。

具体的に金融機関の融資姿勢を知るための対応策は次の3種類です。

▽① 自分で回る

私たち「ふどうさんぽ」の仲間でも、自分で金融機関に直接行くという人は、実はそんなに多くはいません。金融機関に行くということ自体、日常的なことではないため敷居が高いと感じるようですが、金融機関の方々はとても優しく親切です。金融機関を知るためにも、**ぜひ近所の金融機関に行ってみる**ことをオススメします。自分と相性の良い金融機関を見つけることができると思います。

▽② 不動産屋（仲介業者）からの情報・紹介

特に都市部の不動産屋は、不動産と融資をセットでお膳立てしてくれるところが多く、金融機関の融資姿勢にも詳しいです。不動産屋に質問すればナマの融資情勢を教えてくれると思います。ただし、不動産屋は**不動産を売ることが仕事ですから、融資の条件がいい金融機関を紹介するのではなく、サラリーマンに優しい金融機関を紹介する**傾向があります。きちんと自分の意見を持って金融機関を決めましょう。

▽③ 先輩投資家からの情報、紹介

すでに不動産賃貸業をやっている**先輩投資家は金融機関と付き合いがあるので、リアルな情報源**となります。先輩投資家から金融機関を紹介してもらえると優遇金利を受けやすくなる場合もあります。特に、直近で色々な金融機関に融資を打診している方の情報は貴重です。

最後に、忘れてはいけないのは、「各金融機関の融資姿勢は絶えず変化している」ということです。自分ごととして、金融機関の融資姿勢の情報にアンテナを立てて、融資姿勢の情報収集を集め続ける必要があります。

発生頻度
★
影響度
★★★★★

仕組みも知らずにサブリースで新築を建ててしまった!?

購入
16

事例

たまたま、実家の近くで土地を入手できたことが、わたしの不動産投資の始まりです。その当時、あまり不動産に関する知識はなかったものの、土地のまま所有するより、何となく相続対策にはアパートを建てた方がおトク、くらいの認識は持っていました。

アパートを建てることを家族に説明し、全員の賛同を得て、実際にアパートを建てることになりました。さすがにアパートメーカー1社だけからの見積りでは怖いので、地元の不動産屋と、全国的に有名なアパートメーカー、の2社に見積りを依頼しました。

アパートメーカーからの提案は、30年一括借り上げで、評価家賃の85％を固定金額として払ってもらえるというもの。空室や滞納の心配もなく、一括で借り上げてくれて（サブリースと呼ぶというのはこの時知りました）、金融機関の優遇金利の紹介付きというのも魅力でした。

建築費はかなり高かったのですが、思い切ってアパートローンを組んで不動産投資を開始しました。ところが不動産投資の勉強を始めてビックリ！　一括借り上げとは名ばかりで全期間の評価家賃は固定額ではなかったのです。数年ごとに家賃の見直しがあり、評価家賃が大幅に切り下げられ、赤字になる可能性もあるとのことでした……。

あわてて近隣の家賃相場や更新時の家賃の下落率の実態を確認しました。幸い場所も良かったため10年後の運営の見通しも立ち、ほっと胸をなでおろしました。

このヒヤヒヤものの体験が、不動産投資にはきちんと勉強も必要だと気づかせてくれたのです。今思えば早くに経験して良かったと言えるかもしれませんね。

【解説】

これは一括借り上げの仕組みを知らなかったことによる失敗です。

一括借り上げは「サブリース」方式とも呼ばれ、主にアパートメーカーや不動産管理会社が土地・建物を一括で借り上げ、運営を全て引き受ける賃貸システムです。空室の発生にかかわらず、一定額の家賃（満室の80～95％程度）を保証するのが一般的です。

満室でも空室でも一定の収入がオーナーに支払われる仕組みです。家賃滞納を保証する「滞納保証」とは異なりますので、混同しないようにしましょう。一括借り上げの期間は30年保証が一般的ですが、最近は35年保証というメニューもあるようです。

オーナー側からすると、この空室増加時代に「家賃の保証がある（毎月一定額が入金される）」「入居者募集や管理の手間が省ける」ことはとてもありがたいです。また、自宅から物件の場所までが遠距離であまり管理に労力をかけられないとか、サラリーマンで不動産投資に使える時間が少ないという方には、とても適したシステムです。

ただし、一括借り上げには、良いことばかりではなく注意点もあります。

◉① 家賃設定、募集条件が甘め

新築の場合、近隣の家賃相場より少し強気な家賃設定新築プレミアムでも満室にすることができることが多いのですが、**一括借り上げの多くは新築時の家賃相場よりも低い通常の評価家賃に**

なることが多いです。一括借り上げの評価家賃の算定に新築プレミアムを考慮しないためです。評価家賃の一定割合がオーナーの収入となるので、結果としてオーナーへの収入が少なくなります。

さらには、**コストとなる広告費などが多く設定されている**こともあります。築年数が古く、ライバル物件との競合力が弱い場合は広告費が多くても仕方がありませんが、新築時から過剰な手数料となっているケースも多いです。アパートメーカーは、建築がメイン業務であるため、客付けのノウハウが弱く、その分、募集を効率化したいという思惑があるのかもしれません……。ぜひとも募集条件を確認して、近隣の家賃相場を確認してみてください。

◉② 査定家賃の更新がある

この査定家賃の更新が、一括借り上げの最大の注意点です。30年一括借り上げの場合であっても、30年間の収入が保証されるわけではないのです。**一括借り上げの契約にもよりますが、2～5年程度の間隔で家賃の再評価（再査定）があります。その都度、大幅に評価家賃が下がってしまうというリスクがあります。**

一般的に新築から10年は建物も新しく、客付けに苦労することは少ないですが、築年数が10年を超えると物件の設備も古くなり、ライバル物件との競合力が落ちてきます。修繕費の分担などがどこまで大家負担となるかについて、契約書を確認しておきましょう。

実際、築年数が重なり、新築の魅力がなくなった時にはロケーションの弱い物件は苦労することになります。新しくキレイな時は多少場所に難があっても入居者は付きますが、魅力が落ちてきた築年数が古くなった中古アパートになるとそうはいきません。あるいは場所はいいものの、新築物件が建ち並び、新築アパートが供給過剰になる場合もあります。アパートの建設時には5年後、10年後にどのようになるかまで、きちんと考える必要があります。

アパートの建築時の考えておくべきポイントは次の２つです。

▽１　家賃収入の長期予想
▽２　返済期間中における残債利回り

家賃収入の長期予想として、築年数の経過とともに家賃が下落することを折り込んだ「長期の収支の試算」（収支シミュレーション）をしておきましょう。

一般的に家賃下落率のイメージは５年で５％程度と言われていますが、他にインターネットで近隣の築年数が経過した物件の家賃相場を調べるという手法があります。新築と築10年、築20年で検索し、類似の物件の家賃を比較します。その差額を見ることにより、アパートを建てるエリアについて家賃下落が激しいエリアか、そうでないエリアかを確認できます。実際の10年後、20年後にどのような状況になるかは誰もわかりませんが、推定として十分に参考になることでしょう。

次に**返済期間中における「残債利回り」をきちんと把握しておくことが大切です。**残債利回りとは、ローンの残債（残高）に対して、年間家賃収入が何％になるかを表したものになります。例えば、ローンの残債が５０００万円で年間家賃収入が５００万円であれば残債利回りは10％（＝５００万円÷５０００万円）です。ローンの返済が進み、ローンの残債が４０００万円で年間家賃収入が変わらず５００万円であれば残債利回りは12・５％（＝５００万円÷４０００万円）となります。

少し話は異なりますが、地主系大家さんに認識して欲しいこととして「土地に縛られてはいけない」ということがあります。

私も地主系大家という側面を持っているため、親族のしがらみなどで土地の売却が容易でないことはわかります。ですが、アパート経営の失敗の多くは、そもそもアパート経営に向いていないエリアなのに、土地を持っているからという理由でアパートを建ててしまったというケースが非常に多いことを知っていて欲しいのです。

相続税対策としてアパートを建てることは相続税を減らす方法としては有効ですが、アパート経営が成功するかは別の話です。**きちんと、残債利回りと還元利回りの数字を検討した結果、アパート経営に向かない土地なら、担保設定だけを行い、別の場所にアパートを購入するなどの工**

夫を検討しましょう。この方法であれば、相続税を少なくすることとアパートとして向いている土地にアパートを保有することの両方が実現します。

あらためてですが、先祖の土地とはいえ、その場所で土地として残すべきか、違う形で残すべきか、この機会に考えてみることをオススメします。

本当に先祖が、「先祖伝来の土地を単純に守ってほしい」と思っているのでしょうか？　ご先祖様は、「先祖伝来の土地を守るために子孫に苦労をして欲しい」と思っているのでしょうか？

それよりもむしろ、先祖は、「子孫が先祖伝来の土地に縛られず、他の場所の土地や他の金融資産に姿形を変え、子孫が幸せになることを望んでいる」のではないでしょうか？

私は子孫に幸せになって欲しいですし、子孫が苦労するのであれば先祖伝来の土地であっても、縛られることなく、最良な方法を選択して欲しいと思います。

地方ではどうしても古くからの土地に縛られてしまいます。親戚の目も気になります。ただ、時代も移り変わる中、今の時代に合った資産継承の方法があってもいいと思うのです。

発生頻度 ★★★★
影響度 ★★★★

新築の引き渡し時期が遅れてしまった!?

購入 17

事例 私が初めて新築を手掛けた時の失敗の話です。その物件は新築のアパートで、土地を見つけてきて新築の建物を建てる方法で進めていました。目当てのエリアで土地の条件を決めて、探すこと4ヵ月、ようやく私の求めていた土地と出会いました。

土地が見つかったので次は建築会社探しです。複数の建築会社に建物の建築費用の見積りを依頼し、銀行の融資の審査も通り、とても順調でした。建物は木造2階建てで部屋数も決まりました。

新築アパートの建築会社を選定する条件として、建築費用の条件と共に3月末までの引き渡しを条件の一つとしていました。3月末までの引き渡しを条件にした理由は、入居者の募集を考えた時、1年で一番動きの大きな時期である2月～3月に入居者を確定させ、4月から入居してもらうためです。

一般的に木造建築は4ヵ月ほどで完成すると投資仲間からも聞いていたので、何とか間に合うだろう思っていました。その後、建築会社から3月末までに引き渡しできるという工程表（スケジュール表）をもらい、安心して、いざ建築がスタートしました。

さてこのような経緯を経てスタートした建築ですが、実際は図面の調整で時間がかかったり、さらに大雪などの天候の影響も重なり、最終的な引き渡しは3月末の予定から2ヵ月以上遅れて6月になりました。6月となると入居希望者の動きはほとんどなく、入居者を見つけるのが一苦労でした。それでも部屋数が少なかったことも幸いし、何とか全ての部屋に入居者を見つけることができました。

【解説】

私たち「ふどうさんぽ」の仲間にも、新築アパートの引き渡しの時期が遅れたという人がいます。ある人は訴訟覚悟で、社長と交渉して大工を優先して自分の物件に回してもらう対応をしてもらい、遅れる時期を短くしたとのことです。また他の仲間は、アパート引き渡し時期が大幅に遅れたため、遅れた分の賃料を建築会社に補填してもらったそうです。

建築業界では計画よりも遅れるのは常識というウソみたいな話があるのですが、オーナーの立場からすると、引き渡し後の計画が大きく狂うので、引き渡し時期は死守して欲しいものです。

そもそも、建築を建てるまでにどのような手順があるのかを簡単に説明したいと思います。

ここでは木造を前提として記載しますが、ＲＣや重量鉄骨などのマンションの場合はおよそ倍くらいの時間がかかると考えておいた方が良いでしょう。

木造では、まず土地を見つけてから建設会社の見積りと合わせて融資の仮承認が決まるまでの期間が、１ヵ月～１ヵ月半ほどかかります（これは木造でも、ＲＣでも重量鉄骨でも同じです）。

融資の仮承諾を得て、その後、建築会社と請負契約を結んでからは、着工までは２ヵ月前後かかります。この間は建築確認申請のために図面の検討し、建築確認申請を提出するにあたり地区町村の関係課などとの調整を行います。行政の決まりに沿って戸数などに応じて、周辺住民への説明や余分に各種手続きなどが発生する場合があります。

この各種調整は、基本的には、依頼をした設計士や建築会社が行ってくれるので、私たち施主は細かい手続き内容を覚える必要はありませんが、どれくらいの期間がかかるのかを覚えておくことと、できるだけ申請などの諸々の対応をすぐにすることが必要になります。その後に着工となります。建築会社の着工状況や天候などに左右されますが、通常4～5ヵ月ほどかかります。

まとめると、**土地を見つけてから融資に1ヵ月半、建築確認申請などに2ヵ月半、建設に4～5ヵ月程かかることを考えると、合わせて7～8ヵ月くらいを見ておく**ことが必要になります。2月、3月の引き渡しの場合はいつまでに土地を見つければ良いかを逆算しましょう。

さて、これらを踏まえて遅延対策の話をしたいと思います。実は今時点で私は合計3棟の新築に取り組みました。その経験を踏まえた手法を具体的に説明します。

▽① 契約のタイミングを見定める

まずは当たり前の話ですが、早めに動き出しましょう。先述の通り、それぞれにかかる時間を考えて、いつまでに契約を終わらせる必要があるかを考えて行動します。もちろん探し出してすぐに条件に見合う土地が見つかることはほぼないので、さらに数ヵ月程の物件探しの時間をとっておいた方が良いです。そして実際に建築途中でも遅延を防ぐために、当然ですが施主が決めるべきこと（仕様や手続きなど）はすぐに対応をして終わらせることが必要です。

建築会社などにほとんど任せるとはいえ、施主として建築会社が動きやすいように対応することは非常に大切です。実際私の2棟目では、建築の請負契約自体は9月頭に行い、実際の引き渡しは3月末でした。早めに契約をして、その後の仕様、外壁などの決めるべき内容をすぐに決めて返答したおかげで、何とか間に合いました。

▽② 引き渡し時には入居が決まっている状態にする

引き渡し時点で入居者がいる状態にする。つまり○月○日に入居者が入るので、それまでに引き渡しを終了しなければならない状況にするのです。もちろんリスクはあるので注意してください。施主が勝手に募集依頼をかけて入居者を決めて、この日までに引き渡して欲しいといっても、そもそも無理な日程なら施主が責任を負うので、**建築会社から事前に工程表などをもらい予定日を先に確認し、かつその日程を目処に入居者を決めていることを建築会社に徹底しましょう。**

ちょっと難易度は上がりますが、これまで行った中で効果的だったのは、**新築物件の管理会社と建築会社を連携させて、入居時期を決めて管理会社にタイミングを見て募集の動き出しを始めてもらう**ことでした。そうすれば受け渡しの日は守りつつ、満室になった状態で引き渡しが終了されるので一石二鳥です。私の2棟目はまさにこの方法でした。

ある方から建築会社と管理会社の紹介を受けて、その2社で連携してもらいました（過去も同様に連携したことがあったようでその点も良かったです）。その結果、天候不順や大雪などもありましたが何とか引き渡し時期までに間に合いました。必要最低限の知識を持ち、丸投げせずに建築会社と協力し、納期を守るように釘を刺しながら進めましょう。

発生頻度
★★
影響度
★★★★

購入 18

雨漏りの建物を購入してしまった!?

事例 中古（築30年）のRCマンションを購入した時の話です。数年前に屋上防水をしたということで、しばらくは大規模な修繕費が不要との判断で決めました。売主は個人で、売買契約書には瑕疵担保期間は3ヵ月とする旨が特約として記載されていました。

3ヵ月以上経ってから、入居者の契約更新の時に、「雨漏りしているから何とかしてくれ」という旨のクレームが管理会社にきました。

「これは困った、どうしよう、瑕疵担保《かしたんぽ》は3ヵ月なのに、もうその期間は経過してるし……、全額、オーナー負担は勘弁してほしいなぁ。いくらかかるんだろう……」と頭がパニックになりました。

ただ、管理会社に聞いたところ、前のオーナーに雨漏りの対応を頼んでいた。訴えていたのに何もしてくれなかったとのこと。これは売主の落ち度と言えるかもしれない、と一瞬期待しました。

瑕疵担保責任は、たとえ免責規定があっても、売主が瑕疵を知っていてそれを告げなかった場合は、その責任を負わなければなりません。しかしこれを証明するのは難しそうです。管理会社が知っていても、前のオーナーである売主が瑕疵として認めるかはわかりません。

あれこれ心配していたのですが、管理会社に確認してもらったところ、雨漏りではなく湿気があるらしく、それが原因で壁紙がカビになり雨漏りと勘違いしたという結論でした。湿気対策をすることでことなきを得ましたが、購入する際は瑕疵担保責任の規定に注意してくださいね。

【解説】

何やら難しい法律用語の瑕疵《かし》担保《たんぽ》という言葉が出てきました。不動産売買では大事な言葉ですのでここで理解しておきましょう。

「瑕疵《かし》」とは、簡単には「欠陥」とイメージすればわかりやすいと思います。そして「担保」とは、現在生じている、または将来生じる可能性がある不利益を補填するという意味合いです。

瑕疵担保責任とは、売買の目的物（購入した不動産）に隠れた瑕疵があった場合、売主が買主に対して負う責任を指します。例えば、建物の土台が腐食していた、柱にシロアリがいた、内部の鉄筋が錆びていた、雨漏りしていたなどに対して責任を負います。

ここで重要なのは、「隠れた瑕疵」ということ。

外から見て、明らかにわかる事項は瑕疵とはなりません。物件を見た上で、承知して買ったんでしょということです。見てわかるものは自己責任になります。例えば階段鉄部の錆は見ればわかりますので価格交渉の対象にはなりますが、隠れた瑕疵ではないということです。

物品を購入した者は、隠れた部分においては正常な機能を有するものかどうかはすぐには判断できないため、瑕疵を発見してから1年以内であれば、民法上は責任を追及できることになっています。ただ、5年も10年も後で発見された瑕疵の請求は不合理という考え方もあり、不動産取引では基準があります。

不動産の瑕疵担保責任は、売主が個人か法人かにより解釈が異なり、消費者保護の観点から法人には厳しくなっています。例えば宅地建物取引業者が売主の場合は、引き渡しから2年が最短の瑕疵担保期間です。さらにこれ以上の期間を設けることも可能です。

そして新築住宅の場合は基準が異なり、売主は住宅の主要構造部分（基礎、柱、屋根、外壁など）について10年間は瑕疵担保責任を負わなければいけません。

また、個人が不利になることを防ぐため、法人が売主の場合は瑕疵担保責任を免責とする条項は無効となります。仮に特約に免責事項の記載があり、契約を締結したとしても問題ありません。

一方、個人対個人の取引の場合は特段の規定がないため、お互いに自由に決めることができます。通常の不動産売買はこの個人対個人での取引にあたります。不動産屋が関係しますが、あくまで仲介をしているだけで、彼らは契約の当事者ではないのです。

つまり事例にあるような「物件引渡し後3ヵ月の間は売主が瑕疵担保責任を負う」とか、あるいは逆に「売主は一切、瑕疵担保責任を負わない」という特約も個人対個人なので有効なのです。**よく募集資料に「現況渡し」、とあるのはこの意味です。「色々問題はあるかもしれないけれど、現状をよく見て、自己責任ですよ」ということなのです。**

購入後、隠れた瑕疵が発覚するのは多くは入居者からの指摘からです。その場合の確認すべきことは、発生時期はいつか？　前オーナー（売主）または管理会社への連絡はしたのか？　です。

事例にもあるように、**たとえ瑕疵担保責任の免責規定があっても、売主が瑕疵を知っていてそれを告げなかった場合は、重要事項告知義務違反となります。ただし、これは証明が難しく、言った、言わない、聞いた、聞いてない、という水掛け論になりがちです。**一般的には交渉の中で、妥協点を見出していくことになります。

防止のアイデアとして特約への記載に「管理会社の周知事項は売主が認知していたとみなす」という1文を入れてもらうなどがありますが、趣旨説明と記載の説得は大変そうです。

中古不動産に関して、瑕疵担保責任が円滑な流通を妨げているので、「もっと物件価値の透明性を高めよう」「新しい鑑定評価制度や流通市場の整備を進めよう」という論議はありますが、まだまだ時間がかかるのが実態です。

不動産投資をしていく上で、土台の腐食やシロアリ被害、雨漏りなどはいつでも起きうることです。こういった知識を習得して誠意ある交渉で切り抜けましょう。

発生頻度
★
影響度
★★★★★

傾いた家を購入してしまった!?

購入
19

事例　私は建築業界に25年以上身を置いています。そんな私の築古戸建てとしては2件目の投資物件の話です。築35年のこの物件をインターネットで見つけ、さっそく不動産屋に連絡をして物件を内見しました。

前面道路も広く、地勢も台地なので水害などの心配も不要。安心できる物件です。駅から少し距離はありますが、戸建てなので家賃設定さえ間違えなければ入居付けはできるはずです。

私は、内見時に、プロ用七つ道具持参であちこち計測し、敷地や建物の不具合を指摘しながら、価格交渉するようにしています。具体的に指摘するとなかなか効果があるのです。この計測中に何となく不安に感じていたことがありました。案内してくれた営業担当が無理してたくさん喋《しゃべ》っているという印象だったのです。その時は慣れていないのかな？　とさほど気にはしていませんでしたが……。

購入後の修繕工事の2日目に大工から「南面が基礎沈下してるよ」との連絡。内見時にレーザーレベルで測ってるのに、そんな馬鹿な!?　と思いました。そして内見時のことを思い返してみると……。たしかに南面だけ測り忘れていたのです。そう言えば内見時にずっと営業担当が南面に立っていました……えーーっ!　そういうことなの!?

建築のプロでも不動産投資家としてはプロじゃなかった……こういうこともあります。皆さんも気をつけてくださいね。

［解説］

事例のような確信犯的な不動産屋の話を聞くと、不動産投資に思わず二の足を踏んでしまいますね。全ての不動産屋がこうではないでしょうが、やはり自己防衛としての色々な知識を持っておくことは必要です。本書の意義もそこにあります。

相手がそもそも信頼できない不動産屋であれば、技術的な部分を見抜くのは難しいです。まずは、信頼できる不動産屋かどうかをよく考えて付き合ってください。

さて、ここでは内見時の「あったら便利な七つ道具」を見ていきます。事例ではプロ用七つ道具が出て来ますが、ここでは投資家用七つ道具を紹介します。

▽１　**地図**…これは物件にたどり着くためにも、近隣の道路などを確認するのにも必須。
▽２　**マイソク**…募集図面は持参し、現況を見ながら確認する。
▽３　**カメラ**…物件外観を記録する。
▽４　**メジャー**…前方道路の幅員４メートルや接道２メートルなどを確認する。
▽５　**コンパス**…建物の向きを確認する。
▽６　**ストップウォッチ**…駅からの徒歩時間を測定する。一般的には80ｍ／分として計算されるが、横断歩道や信号などもあるのでマイソクの表示通りとは限らない。
▽７　**名刺**…現地確認でウロウロしていると、時として不審者と見られかねない。そんな時

はすかさず名刺を出して、怪しいものではないことをアピールする。

これらはスタンダードな投資家用七つ道具ですが、現在では少々変わっています。スマホがとても便利になって現代版の必須道具になっています。投資用七つ道具の1、3、4、5、6はスマートフォンのアプリケーションで代替できるため、スマートフォンが1台あれば大丈夫です。内見時にはスマートフォンは必須ですね！

せっかくなのでプロ用七つ道具も紹介しましょう。

◇①　水缶（水平計測の道具）
◇②　レーザーレベル（水平垂直を見る機械）
◇③　スケール
◇④　デジカメ
◇⑤　塩（お浄め用）
◇⑥　鉄筋探知機（基礎に鉄筋が入っているかどうかを調べる機械）
◇⑦　印鑑（買付用）

これらプロ用七つ道具は、余裕があれば用意するといいかもしれません。

事例の物件はその後、建物をジャッキアップして、ある程度水平に直せました。残念ながら瑕疵担保については免責事項になっており、自分で対応せざるを得なかったことが悔やまれます。

築古の木造にはよくある「傾き」についても少し確認しておきましょう。そもそも、どの程度の傾きから問題視すればいいのでしょう？　生活にどの程度支障があるか、人の感覚として傾きを生活上感知できるか、など状況によって色々解釈があります。

業界的には新築住宅の場合に３／１０００、中古住宅の場合に６／１０００を超えると問題となるようです。３／１０００というと１ｍに３ｍｍが沈下しているということです。部屋を歩いていて、うん？　と少し違和感を感じるか感じないかのレベルです。

傾いた家もジャッキアップなどの方法である程度は直せますが、コストの見通しも難しいため、できれば取得しない方が良いでしょう。

ただし、中古物件の上級者になるとこのような建物のトラブルを逆手に取る人もいます。

例えば、あえて白アリ被害のある戸建を見つけて、非常に安い価格で購入します。購入後にシロアリを駆除対応してもそれほどの金額にはならないため、安く物件を取得できるということのようです。理論としては理解できますが、シロアリの被害が想定よりひどかった場合など想定外のトラブルが発生する可能性があり、普通の方にはお勧めしにくい手法です。ただそれらをクリアできる知識とスキルがもしあれば視野に入れてもいいかもしれません。そこまで高いレベルは難しくても、ある程度のトラブル対処法を学んでおくのは意味のあることだと思います。

発生頻度
★
影響度
★★★

購入後すぐに水漏れを起こしてしまった!?

購入
20

事例 築45年の木造アパートを購入した時の話です。購入後に、物件を訪れ今一度、水回りなど問題点がないか、またリフォームが必要な個所はどこかを確認して回っていました。1階の空室になっている部屋で、簡単なリフォーム作業があったため、1人こもって集中していたところ、「ピタピタ……」という音に気がつきました。振り向いてみると、そこには目を疑う光景が!

何と、天井から大雨のように水が降り注いで、床が水浸しになっているのです。パニックになると人はとっさには的確な行動に出られないものです。急いで、両手をおわんのようにして水を受け止めました。少し冷静になり、近くにあった塗料用のバケツをいくつか置き、被害を抑えました。「何もないはずの天井から水が降り注ぐことは考えられない。となると、上の階が怪しい」と考えました。2階は空室になっており、先ほども巡回した部屋の一つでした。

水漏れ箇所の上に当たるトイレを確認すると、便器の周りも濡れています。詳細はわかりませんが、どうやらトイレが原因のようです。そこで、たまたま近くにいた知り合いのリフォーム屋に急遽見てもらいました。

すると、2階トイレのタンクと、下部の給水パイプの接続部分が劣化しており、それを知らずに試しに大量に水を流したため、タンクが崩壊し、水が吐き出されてしまったのです。さらに、不運なことに便器の地面との付け根部分にも隙間があり、その溝から1階の屋根裏へ、そして天井から1階の部屋まで水が到達したと考えられました。その後、しっかり直してことなきを得ましたが、本当にビックリしました。

［解説］

物件の設備確認の方法ですが、事例のやり方は良くなかったと思っています。トイレの水を試しに流した時は、ルーチンワークのように各部屋を回っていたため、水を流した後の最終状態までしっかりと見届けないで、その場を離れてしまいました。これはいけません。純粋に集中力を欠いたための失敗だったと反省しています。

今回は特に事象発生後の対応が重要になってきます。実際の私の対応に沿って解説していきます。結論としては、私は、「瑕疵担保責任に基づく売主への修繕費の請求」「火災保険による補償」を行いました。

まず、**「瑕疵担保責任に基づく売主への修繕費の請求」**について説明します。

瑕疵担保責任とは、売買の目的物に隠れた瑕疵（欠陥）があった場合に売主が負担する責任のことです。中古物件の場合、引き渡し後1～3ヵ月程度の期限を定めることが多く、中には、古い物件の際は、瑕疵担保免責というケースもあります。私のケースでは、売主は個人ではなく、宅地建物取引業者でしたので、少々事情が異なります。

売主が宅地建物取引業者の場合には、最低2年間は瑕疵担保責任を負わなければなりません。よって、今回のケースでは、買主である私から売主に対して、修繕依頼をすることができそうですが、同時に議論になるのが、**「経年劣化」**の考え方です。

「経年劣化」とは、時が経つにつれて性能や機能が低下することを言います。今回の対象物件は、木造アパートで、耐用年数22年の2倍を上回る築45年です。「経年劣化」を理由に「瑕疵担保請求」を売主から却下される可能性もありそうです。

次に、**「火災保険による補償」**についてです。

勘違いされている方が多いですが、火災保険は、何も火災による被害についてだけの補償ではありません。最近では一般的に、落雷や強風、ひょうなどの様々な自然災害も、補償の対象になっています。今回のケースでは、通常利用におけるトイレ故障による水漏れとなると火災保険による補償が認められる可能性がありそうです。

最終的には、私の場合、前者の**「瑕疵担保責任に基づく売主への修繕費の請求」を進めた結果、売主である宅地建物取引業者に、修繕工事を全て手配してもらい、迅速に作業を進めてもらい、大きな損害にならずことなきを得ました。**

さらに、火災保険に加入した代理店に聞いてみたところ、今回のケースでは私の加入していた火災保険で応対できる可能性が高かったとのことです。

火災保険の請求は、火災保険会社に対して、事象発生前、発生後の画像を添えて、保険求償申請を行った後、ケースによって現場での検証が行われ、最終的に支払い保険金額が決定されます。

ここまでで、1ヵ月程度はかかりますし、最終的にどのような結果になるかわかりません。実際に、火災保険を請求する際は、請求申請自体を代理で行う代理店も存在しているので、**火災保険に加入した代理店の担当者に確認しながら進めていく**ことをお勧めします。

不動産の購入には、様々なリスクが常につきまといます。しかし、逆に言うと、世の中にこれだけの建物が存在するということは、自分の身に降りかかるケースというのは、ほぼ全ての事例が存在し、何かしら解決の方法があるものだと考えて、後ろ向きにならず、様々な事態が起きるものだと開き直りにも近い感覚を持つと良いと思います。

発生頻度
★★★
影響度
★★★★

満室想定の家賃と入居が決まった家賃が全然違っていた!?

購入
21

事例　地方物件とはいえ、利回り18%、築20年のRC、という物件情報が送られてきたら、詳細情報を取り寄せたくなりませんか？　耐用年数はたっぷりあるし、利回りは何と18%です！

福井県の物件で全然、土地勘もありませんでしたが、積算評価は売値をオーバーしていました。週末に現地まで見学に行って買付を入れたのですが、残念ながら2番手ということに。

あー、今回も買えないかなぁ……とあきらめていたら、3ヵ月後に「1番手の方が買えなくなったため、どうですか？」との連絡が。これはもう買うしかないと心が躍りました。

物件は3DKを中心としたファミリータイプが20部屋あまりで、家賃は5万円でした。3分の2が空室でしたが、多少は経費がかかってもキャッシュフローは大きいと思ってました。

物件の引き渡しが終わって、お願いする新しい管理会社と1部屋ずつ回りました。すると、管理会社の表情がだんだんと険しくなって……。

「オーナー、正直申し上げて、この状態では原状回復とは言えず、かなりリフォームしないとダメです」と管理会社。「ええっ！　前のオーナーさんは原状回復してあると言っていましたけど」と私。「できれば、和室も洋室に変えてもらえませんか？　このエリアは和室の人気がないんですよ」と言われ……。

結局、洋室へのリフォームはさすがにコストが高すぎると判断し、家賃を下げて入居者を募集しました。18%と思っていた表面利回りが、あっという間に16%以下に。でもキャッシュフローはきちんとあるので良しと思うことにしました。

［解説］

収益不動産は売買金額とともに、家賃収入に対する「表面利回り」という数値も合わせて売りに出されます。

表面利回りは、**「表面利回り＝1年間の家賃収入÷売買価格×100」**で計算されます。そのため、1年間の家賃収入の見込みが500万円で売買価格が5000万円の場合、500÷5000×100＝10％となり、表面利回りは10％となります。

もし、この物件の家賃収入が600万円であれば、600÷5000×100＝12％となり、表面利回りは12％となります。売値が同じなら、利回りが高い方がおトクということになります。

用心しないといけないこととして、空室があった時の表面利回りがあります。空室は見込みの家賃で計算するため、見込みの募集家賃で本当に入居者が現れるかはわかりません。実績値でないため、あくまで計算値としての表面利回りなのです。つまり、販売時に書かれている表面利回りは必ずしも確実に実現するとは限らないということです。

また、**おトクな物件に見せたい売り手側の都合で、相場の家賃よりも高めの家賃（甘めの家賃）に設定している場合がある**ため、注意が必要です。

購入時はマイソク（物件の宣伝チラシ）の表面利回りを鵜呑みにするのではなく、近隣の家賃相場を自分で調べて、現実に即した家賃を推定した上で表面利回りを計算しましょう。

家賃相場の調べ方として、まずはインターネットで購入対象と同じような物件がどのくらいの家賃で募集しているのかを確認します。複数の物件を見つけて家賃の平均を計算することによって、現状に近い家賃相場を想定できます。

家賃相場を調べた上で、入居者の貸借条件の一覧表である「レントロール」（家賃明細表）を不動産屋にお願いして売主から必ず取り寄せましょう。 レントロールは記載項目に決まりがあるわけではないので、その書式はまちまちですが、一般的に部屋ごとの間取りや面積などの部屋の情報、契約家賃や共益費などの金額の情報が記載されています。預かり敷金の金額、契約日、賃借人の属性（法人・個人）などが書かれている場合もあります。

レントロールを見るポイントは次の通りです。続けて「修繕履歴」「現地調査」についても説明します。

◉① 間取りと戸当たりの面積

需要がある間取りと面積なのか、近隣物件との競合力を確認します。

◉② 家賃のバラつき

中古物件の場合、同じ間取りでも家賃にバラつきのあることがあります。家賃は一般的に新築時が最も高く、年数の経過とともに下がっていきます。そのため、古くから借りてくれている入居者は家賃が高く、最近入居した人の部屋は家賃が低いという現象が起きます。家賃のバラつき自体は仕方のないことですが、家賃の差が大きい場合には家賃の下落幅が大きいと想定できます。

つまり、古くからの家賃の高い入居者が退去すると、次の入居者の家賃が大きく下落するということです。

◉③　契約日の確認

②の裏付けとして、契約日を確認しましょう。**契約日が最近の入居者の家賃が現在の市況に近い**と言えます。ただし、レントロールの記載にルールがないため、レントロールに契約日の記載があることが少ないこと、また契約日の記載があったとしても、**初回の契約日と契約更新日を分けて記載せずに契約更新日が契約日として記載されている**ことが多いこと、に注意しましょう。

一般的に２年ごとに入居者は契約更新をするため、更新日を契約日欄に記載されると初回の契約日がわかりません。不動産投資家の立場としては、投資環境の透明化のために不動産屋にはぜひ初回の契約日の記載を推進して欲しいものです。

◉④　修繕履歴

もう一つ取り寄せたいのが修繕工事の履歴です。大規模修繕はいつ、どのような工法で実施されたのか、最近行った工事はどんな内容か、今後の修繕費の出費を予測するとても重要な情報です。ただし、個人所有の物件では、ここまできちんと管理されていることはほとんどありません。

さらに、修繕履歴があっても売主があまり情報を開示したがらないことも多いです。

一般的に建物は15～20年で大規模修繕が必要となります。

この時期は外壁の弱い部分や雨水の被害が露呈する時期で、その時期に防水塗装やクラック対応、鉄部塗装を実施します。この対応をきちんと行うことで建物の寿命がぐんと伸びます。逆に言うと、**この時期の対策を手抜きすると、建物の老朽化が加速**します。もし、しっかりした修繕履歴があれば、大規模修繕の有無や、近年の修繕発生具合などがわかります。

大規模修繕はお金がかかることから、わかっていても修繕せずに、20年以上放置するオーナーもいます。そしていよいよ大規模修繕が必要となった時に売りに出すのです。不動産市場に築20年を超えると急に売却物件が増えるのは、このような背景もあります。購入者からすると、物件の購入後に高額な修繕費用が発生します。

このような物件を購入する際には、きちんと修繕費分を計算した上で、価格に反映してもらうように売主に交渉しましょう。

◉⑤ 現地調査

購入対象の物件には、必ず最寄駅から徒歩で向かいましょう。歩きながら物件の近隣環境を確認することができます。

現地に到着した後は、建物の老朽度合いや塗装状態を確認します。さらに、土台のひび割れや屋根まわりを見て、雨漏りがあるかどうかをしっかり確認しましょう。物件を見学する時は、入居者目線をもって入居意欲を削ぐような箇所があるかどうかも合わせて確認しましょう。

これら①〜⑤の手順を踏んだ上で、自分で家賃収入を再計算し、さらに修繕費用分を差し引いた金額で購入申込をしましょう。このように根拠を持って価格交渉をすることで、説得力がぐんと増し、こちらの希望価格で物件を購入する確率が高まります。

発生頻度
★★★★★
影響度
★

購入
22

個人名義で購入してしまった!?

事例 その物件情報が私の手元に来たのは、ある日の朝刊の折り込みチラシ。折り込みと言えば普通は実需向けの分譲マンションが多いですが、たまに投資用物件が混じっていることもあります。写真もない2色刷りの区分ワンルームマンションの広告でした。利回りを計算すると概算で8%程度と、そんなには高くはないのですが都内で場所がいい！　相場よりかなり安い！

2年ほどその周辺の区分マンションを調べていた時期があり、その時の相場から見ても200〜300万円くらい安かったです。早速、その日のうちに不動産屋に連絡して物件見学後、購入を決意しました。売却の広告は、その部屋を管理している管理会社でした。新聞チラシとして広告を出したのは、一般に売りに出す前に、近隣の方に物件が売りに出ていることを知らせるためだったようです。

この購入にあたっては、何とか現金が用意できたため、融資を使わずに個人名義で現金で購入することにしました。築30年くらいの物件は融資が通りにくいということも現金購入の理由の一つです。当時、資産管理法人を設立したばかりで、資産管理法人で金融機関から借入を増やし、物件の数を増やそうと考え始めたばかりの頃でした。

その後でちょっと後悔したこととして、法人で購入する絶好のチャンスだったのに、安易に個人で買ったことがあります。設立間もなく、資金も蓄積がないため、法人で購入するという発想になりませんでした。冷静に考えれば、個人が法人に現金を貸し付ける、または法人を増資するという方法もあったのですが、もったいないことをしました。

【解説】

ここでは融資の活用と、法人の活用法について考えてみましょう。不動産投資の物件を増やすには、融資を有効的に活用することは必須です。その活用すべき融資ですが、不動産投資では３種類に大別されます。

「サラリーマン向け融資」と「プロパー融資（個人）」と「法人向け事業融資」です。

「サラリーマン向け融資」は、金利が高く、年収による制限があるものの、サラリーマン属性が良く収入が安定していれば借りやすいのが特徴です。法定耐用年数による制限が緩いのもありがたいところです。

「プロパー融資（個人）」は、個人の経済的属性と物件の収益還元評価、または積算評価で、総合評価されます。経済的属性としては個人のバランスシート（Ｂ／Ｓ）の純資産比率が重要となります。収益還元評価で買い進んだ場合、財務上は積算評価されるため純資産比率を落としやすくなります。純資産比率が悪化すれば、金融機関からのプロパー融資は困難になります。

「法人向け事業融資」は、その名の通り、法人に対する融資です。個人の延長とみなされる資産管理法人向けの融資は基本的に個人向けプロパー融資に準じるため、ここでは含まれません。ここでの事業融資はあくまで純粋に法人に対する融資で、法人の経営について融資する側面が強くなります。過去の賃貸運営の実績や、当該物件に対する事業計画が評価対象となります。このレベルになると融資残高による制限は原則ありません。

不動産投資は法人として事業拡大を狙うことができます。「法人成り」（個人事業から法人設立をはたすこと）に関してよく質問されるものとして次の2つがあります。

▽① どの程度の売上から法人にするべきか

▽② どのように法人を活用するか

通常は個人事業からのスタートとなります。

個人事業の場合、「事業的規模」と「業務的規模」に分類されます。「事業的規模」であれば65万円の青色申告特別控除などの税務上の優遇規定を受けることができ、「業務的規模」であれば白色申告で10万円の控除になります。

「事業的規模」の判断として代表的な基準として5棟10室基準があり、アパートやマンションなどの貸している部屋数が10室以上であれば基準を満たしたことになります。また、戸建てならば1戸を2室、駐車場なら5台を1室に換算できます。つまり、「アパート・マンションの部屋数＋戸建ての戸数×2＋駐車場の台数÷5≧10」となれば5棟10室基準を満たしているため「事業的規模」、それ以外は「業務的規模」になります。

法人は合同会社、株式会社のいずれかを選択します。合同会社は以前の有限会社に替わるものとして定義されたもので、設立経費が安いため、合同会社からスタートする人も増えています。いつでも株式会社への転換が可能です。ただし事業拡大をしていくと株式会社の方が法人として信用力があるのは間違いありません。

法人化の売上目安ですが、サラリーマン給与と合算した場合の税率なども関係しますので、一律には適用できません。ただし、**おおよそ1500万円～2000万円程度の不動産収入があった場合には法人化の検討を始めても良いと言われています。**

ただし、法人にすれば経費もかかります。

法人の税金として法人税、法人住民税、事業税の３種類があり、納税先も異なります。年金加入義務も発生するなど煩雑なことも多くなります。自分に役員給与を支払うと源泉徴収業務も発生します。これらコストを負担してもメリットの出るラインが前述した１５００万円～２０００万円程度の売上ということになります。

法人の利点は何と言っても、税金との関係、戦略的節税にあります。法人の場合、経費処理の融通性は個人とは比べものになりません。法人は給与含めた経費を差し引いた残り（利益）が課税対象になります。また、税率自体も中小法人の軽減税率が延長されており、低い税率です。個人の累進課税と比べるとおトク感のある税率です。

法人から見た個人で所有する物件の管理方法のパターンは3種類です。

◇❶**譲渡**・・・個人から法人へ所有権を譲渡してしまうやり方。譲渡後は法人所有となるが、不動産取得税や譲渡所得税の対象となるため、そのコストを覚悟する。節税効果は大きい。

◇❷**サブリース**・・・毎月固定金額で法人が個人より借り上げる方式。委託金額を正当性、妥当性のある金額で定める必要がある。節税効果は中程度。

◇❸**管理委託**・・・個人が管理を法人に委託する方式。この場合、他の管理会社に委託した時との比較で価格的な正当性が必要。5~15%程度までの管理費を設定し、法人に管理委託をする。そして、法人から管理会社へ管理を再委託し、法人は個人からの管理収入と管理会社へ の管理支出の差を収益とする。節税効果は小さい。

このように個人で所有している不動産を法人が管理する場合は色々制約があるため、自由度を考えれば所有権を最初から法人が持つ方がいいという結論になります。

法人の利点は
戦略的節税
にあります

発生頻度
★★★
影響度
★★

お隣さんがタイヘンな人だった!?

管理 1

事例 築古の戸建て物件を買った時のことです。再建築不可の物件でしたが、相場よりも安く、賃貸需要もある地域の物件だったため、購入を決断。通路の幅は4m以上あり、お隣の土地のオーナーとうまく話ができれば、道路付けの問題もクリアになり再建築可能になるかもとの期待もありました。

お隣は少々うるさいと聞いていたのですが、最悪の場合でも再建築不可のままでも利回りが高くとれそうと安心していました。しかし、実際には大変なことになりました!

物件を購入後、お隣に手土産を持って挨拶に行くと、約2時間にわたって売主の悪口や、私の物件の逆のお隣を河原に呼び出した話、自分の腕の太さが何センチあるかという話などを聞かされました。もちろん反論などは一切せず、この日は、相手の話を聞くことに徹しました。

そして後日、再建築可にするためのお願いと、リフォームするので少々迷惑をかけるかもしれないという話を電話で伝えたところ、また約2時間に渡って話が始まりました。「再建築可にするのに協力する義理はない」「リフォームで一歩でも敷地に入ったら訴える」ということでした。

話が進まないので、内容証明郵便にてリフォームについてお知らせをし、再建築可にすることはあきらめました。すると、私の留守中に自宅にまで押しかけてきてインターフォンのカメラを手でふさいだり、ガスメーターに蹴りを入れたりする様子が防犯カメラに映っていました。

その後、電話が来て「なに居留守、使ってるんだ」「今から行くぞ」とのこと。その後、弁護士の先生にも手伝ってもらいお隣の熱を冷ましてもらいました。

［解説］

人間は、基本的に感情で動きます。特に土地に関わるトラブルの多くは感情的なものに発展してしまいがちです。そして、冷静に論理的に考えれば何の得にもならないことでも、感情が先立ってしまい時間やお金、労力をかけてしまうケースが多くあります。

お隣などとの人間関係を円滑にするための対策としては、非常に基本的なことですが、やはり**誠意を見せることにつきます。**私としても、物件の購入後に手土産を持って行ったり、季節のご挨拶の品を送ったりということをしました。

ただし、今回のケースでは、一度目は受け取ってくれたのですが、二度目は、「中身が何かもわからない品を送ってくるなんで失礼だ」ということで突き返されました。三度目は、中身がわかるようにして、わざわざ伊勢丹から送ったのですが、これはそのまま突き返されたので、何をやってもムダな状態までこじらせてしまったようです。

本来であれば、ここまでお隣との関係性が悪くなる前に、直接お会いするなどの他の方法を試みれば良かったと反省しています。そして後日ですが、投資仲間から、「人間関係がこじれた状態になってしまったとしても、定期的に贈り物を送り続けることは効果的である」と聞きました。

確かに、**継続的に贈り物を送っていると、いつか相手の気持ちも変わるかもしれません。**

また、周りにアドバイスをもらえる人がいるかどうか、どこに聞くべきかを知っていることも大切です。この件に関しては、仲間に相談し、さらに即座にこのようなトラブルに強い弁護士などを紹介してもらいました。

ちなみに、**きちんと裏をとった上でも、相手への伝え方は工夫する必要があります。**「それはウソですね」なんて言い方は論外ですが、「それは間違いです」という言い方でも、相手に恥をかかせ、相手はより感情的になることでしょう。

なお、今回の件は、「警察」にも相談をしています。先方の言動が暴力的になっていたためです。警察署に行った際には、話を聞いてくれた刑事の名前をメモしておきましょう。今回は、その旨も先方に伝えることにより、先方は弁護士から内容証明郵便を送ってきました。

さすがに、弁護士は法律にのっとった対応をするため、法的に根拠のない話などはせず、「リフォームなどについて行なうな、と言っているわけではない」「損害を被った場合には、損害賠償請求をする」と伝えてきている程度でした。これは、民法209条についての内容ほぼそのままです。

ちなみに、この後、先方に内容証明郵便を送っても、受取拒否されるようになってしまいました。まぁ、「受取拒否」をしている時点で「到達」になるため、せっかくなら中身を確認しておけばいいのにと思ったのですが……。

さて、相手のことばかり書いて来ましたが、私としても**早い段階で内容証明郵便を送ってし**

まったことで、人間関係を悪化させてしまった面もあると思います。私は、仕事上の経験で内容証明郵便を送ることがこれまで何度かあったので、内容証明郵便はある程度普通のことという認識を持っていました。法務部などの法律関係の部署にいた方は、内容証明郵便を送った経験も受け取った経験もある方が多いでしょう。しかし、法的なことに慣れていない相手にしてみれば、そのような法的な手続きをされると過剰に反応してしまうようです。

特に、今回の相手は、私側の弁護士の分析によれば、相手を見下してくるタイプの方だったので、その格下と思っている相手からいきなり喧嘩を売られたように感じたのでしょう。そんな**相手に不用意に自宅の住所がすぐわかる形で送ってしまった**こともさらに失敗でした。私にもっと交渉力や相手の状態を読む力があれば、ここまでのことにならなかったかもしれません。

ちなみに、先方の弁護士は、内容証明郵便の最後に「この件については、私は請け負っているわけではないから、連絡する必要がある時は本人に直接連絡をするように」ということを書いていました。お隣は理解しているかどうかわかりませんが、弁護士も本当の意味で味方になってくれていなかったようです。きっと、この弁護士もお隣に、毎回約2時間にわたって色々言われ、仕方なく内容証明郵便を送ってきたのでしょう。

発生頻度 ★★
影響度 ★★★

管理委託契約の内容をきちんと理解できていなかった!?

管理 2

事例 新築のアパートを建てた後、管理会社を選ぶことになりました。物件も新しく、場所もそこそこ良かったため、客付けであまり困ることはないだろうと考え、管理手数料の安さで管理会社を選びました。契約の場でプランの説明を受けましたが、手数料の利率を確認する程度で軽く済ませてしまいました。これが思わぬ結果に……。

物件の稼動後、初めて来た明細を見て目を疑いました。入金額が数千円なんです！ よく見てみると、手数料こそ安いものの、システムの利用料や管理という名目で倍程度のコストでした。その他、入居を決めるためにかかった費用だの草取り代なども計上されています。雑草が生えないようなコンクリートで覆う設計をしたアパートなのですが引かれていました。

あれこれ合わせると、結果的に8％近い費用が賃料から引かれていました。新築の物件で手間はかからないはずなのに、これはあんまりです。

この段階で初めて真剣に管理会社と議論しましたが後の祭り。契約書にサインしたのは私です。結局、退去時にかかるコストが多少割安になるプランだった点を考慮し、そのままの契約としました。

頭では納得しているのですが、やはり毎月の明細が来る度に複雑な気分になります。「管理」費用ですから、色々な手間を委託し、急に発生するコストを固定化する点で意味のあるものだと思いますが、本来、管理にはあまり手間がかからない新築物件だったので、今からでも管理会社を変更しようかどうか迷っています。

【解説】

土地や建物の契約は金額も大きいので誰しも慎重になりますが、賃貸管理は簡単に思いがちです。しかし様々な注意点が潜んでいます。物件の購入後の維持コストや手間を削減できるかは物件オーナーのやり方しだいです。管理に余計な経費がかかって、後で驚く大家さんは意外に多いのです。自主管理なら管理費を最少化できますが、サラリーマン大家には難しい話です。そのため、ここでは管理委託に絞って解説していきます。

◉契約書の確認

まずは契約書をきちんと確認しましょう。といっても**業務委託契約書自体は各社バラバラで、標準化は進んでいません。記載条項もざっくりとしたものが多い**ようです。大手管理会社やチェーン店はパック化されており、メニュー化も進んでいます。その分、標準対応範囲が明確ですが、標準範囲以外のものは何でもオプションになる傾向にあります。

大手と比較して、中小の管理会社の方が融通は利くようです。管理費は共益費を含む収入の5％というところが多く、条件に合わせ3～8％程度の幅があります。通常の委託業務範囲はおおむね次の通りです。

募集代行、契約・更新・退去処理、家賃の集金回収、建物清掃、日中の入居者対応などです。

管理会社によって対応内容が分かれるものは次の通りです。

時間外の入居者対応、家賃の立替払い、修繕費用等の代行支払いなどです。共有部の電気、水道代や、解約時精算の代行払いについてもバラつきがあります。

解約条件は必ずチェックしましょう。通常は2年契約で、3ヵ月前に通告すれば解約が可能です。記載がなければ確認してください。いざという時の切り札は管理会社の変更です。

◉契約書以外で確認しておきたいこと

入居者募集時、更新時の手数料は家賃の1・0ヵ月が標準ですが、清算方式は意外と各社でバラつきがあります。仲介会社への広告料についてもオーナーからの直接支払いのケースもあります。後でトラブルにならないように、具体的な金額をあげて確認しておきましょう。

実際の運営に入った時、その他経費として大きいものは次の通りです。なお、経費全体として家賃収入の20％程度が標準です。大きな修繕や事故が発生した場合には上下します。

▽**修繕費**…新築ではほとんど発生しないが、中古では収入の5～10％程度が目安。

▽**広告費**…市況、競合状況により必要になる。

▽**共用部水道光熱費**…該当設備があれば発生する。

▽**その他**…固定資産税、預かり敷金は忘れないようにする。

◉委託条件の検討ポイント

管理会社は、単純に委託費が安ければ良いというものではありません。オーナーの考え方と、物件の立地、性質、管理メニューと料金によって総合的に判断します。

リフォーム業者とのパイプ、24時間の入居者対応、退去時の立会い、事件事故の柔軟な対応、銀行とのパイプなど検討したいポイントは数多くあります。ただ、事前には判断できない部分も多く、取り引きしてみてやっとわかったという場合も出てきます。

管理会社のスキルには大きく4つの側面があります。

「客付け力」「入居者対応力」「テナントリテンション（入居者保持）力」「建物保守力」です。**簡単にどれが得意か見抜くことは難しいですが、要はオーナーの立場に立って情熱を持って運営してくれるかです。**いっぱい質問して、コミュニケーションがとれそうな会社を選びましょう。

管理会社の規模が大きいからサービス品質も高いとは限りません。メニュー体系や報告書などは確かにしっかりしていますが、サービスの多くが属人的スキルであり会社の規模があまり関係ないこと、会社が大きくなると従業員も形式主義になりがちであることから、かえって会社の規模がマイナスに働くこともあるようです。

このように説明すると管理は大変そうですが、実は満室を維持していれば驚くほど暇です。逆に退去が発生すると、途端に忙しくなります。募集条件はどうするか？　リフォームはどの程度までやるか？　室内設備はどうするか？　検討すべき項目はたくさんあります。結局、不労所得と呼ばれていたのは遠い昔のことと割り切るしかなさそうです。オーナーは不動産投資の投資家として、検討すべき項目の全てをきちんと判断できるようにしましょう。

発生頻度
★★
影響度
★★★

募集会社が部屋を募集していなかった!?

管理 3

事例 空室対策については、入居者が早く見つかるように募集会社に入居者の募集を依頼する方がほとんどだと思いますが、依頼をした募集会社が募集をしていなかったら……。これは物件のオーナーにとっては一大事です。この「募集をしていなかった」というのは、全く募集をしていなかった（狭義）ということのみならず、形式的には募集している形態をとっていても、実質的に積極的な募集をしていなかった（広義）ということも含めてです。

私が依頼していた募集会社は、形式的には募集をしていたので、広義の「募集をしていなかった」にあたる結果でした。その募集会社はリーシング（客付け）に関しては、他の募集会社へ依頼するのがメインというスタンスの募集会社でした。このような形態をとる場合は、他の募集会社に強力にプッシュする必要があります。

実際に入居希望者に物件を紹介する他の募集会社には、紹介対象の物件がいっぱいあるわけですから、ライバルの物件の中でも私の物件が魅力的なものだと伝えてもらう必要があるわけです。それにもかかわらず、私が依頼していた募集会社は、敷金礼金などの条件を入居者に有利に変更した場合でも、業者へのプッシュを怠り、レインズ（不動産流通機構が運営している業界用の不動産情報データベース）に反映させていただけというお粗末な対応でした。

これでは積極的な募集をしていなかったと言わざるを得ません。実際、空室の入居者が全然決まりませんでした。その後、募集会社を変更したことで、ようやく空室に入居者が入りました。前の募集会社には、空室だった分のお金を払えと言いたいです。

［解説］

不動産を購入して、賃貸に出す場合、賃貸の募集をするのは、自分でやるか募集会社に任せるか、となると思いますが、ほとんどのオーナーは募集会社にお願いすることになると思います。そうなると、お願いする募集会社によって募集の成否が決まります。さらに、どの募集会社に依頼すると成功できるのかということになります。

大手の募集会社に依頼すべきか、地域密着型の地元の募集会社に任せるべきか、知人の紹介の募集会社にお願いした方が良いのか、インターネットで検索して客付き力が強い強いとうたっている募集会社が良いのか……悩むところです。

結論としては、これらだけの情報では判断できません。**会社自体がどんなに良くても、実際に担当する営業担当者次第で良くも悪くもなります。自分の物件の募集を担当する営業担当が大切なのです。**

では、どのように募集会社を選定するのが良いのか。実際に担当する営業担当が良い募集会社を探すのは、現実的には困難です。ただし、だからといって適当に募集会社を選ぶのではなく、しっかりと自分の目で募集会社の社内の雰囲気、実際の営業担当の仕事ぶりをチェックし、自分の納得のいく基準で募集会社を選定することが重要になります。

一例ですが、友人に不動産屋がいれば、レインズ（不動産流通機構が運営している業界用の不動産情報データベース）を直接見せてもらうことができます。レインズを見ることができれば、**自分の物件がどのように掲載されているかをチェック**することができます。

もし、レインズを見せてくれる不動産屋の友人がいない場合は、レインズにどのように掲載されているのかを直接、募集会社の営業担当に見せてもらい、**随時必要な更新が行われているのかをチェック**するといいと思います。

レインズの情報や他のインターネットの募集サイトなど、見て確認できる部分は実際の画面を確認すれば良いのですが、実際の募集活動として入居希望者に自分の物件を紹介してもらえているのか、自分の物件に入居希望者を案内しているのか、については物件のオーナー側からはほとんどわかりません。

それについては、募集活動の状況や結果を電話や紙面にて報告してもらうと良いでしょう。ただし、この報告も、虚偽の報告をする募集会社も中にはいるため、鵜呑みにはできませんので注意が必要です。

募集活動をチェックする他の方法として、**家族や友人に頼んで募集会社へ自分の物件に興味のある入居希望者を装って電話してもらう**というのがあります。

もし、積極的に自分の物件を紹介してくれるのであれば、募集会社はしっかりとした対応をするでしょうし、募集活動を全然行っていないのであれば残念な対応をするはずです。この方法も有効な方法です。

このように、募集会社をチェックして、**満足できない会社であることがわかったら、募集会社を変更しましょう。募集会社の変更はとても簡単です。**

募集会社の変更の流れは次のようになります。

▽１　次にお願いする募集会社を決める
▽２　今の募集会社に次にお願いする募集会社を伝える
▽３　今の募集会社から次の募集会社へ募集業務が引き継がれる

自分にとっていい募集会社が見つかるまで、募集会社の変更を繰り返しましょう。いつかきっと求めていた募集会社に出会えることでしょう。

発生頻度
★★★
影響度
★★

管理
4

満室にしない募集会社にお願いしてしまった!?

事例 3棟目の重量鉄骨の中古アパートを買った時のことです。相続した不動産に興味のない息子が売却を希望したようです。

物件を紹介してくれた不動産屋が管理会社の売買部門だったため、購入後もそのまま同じ管理会社に管理を依頼することになりました。管理付き物件というものですがよくあることです。

その管理会社は入居者の募集もしていて、そのエリアでベスト3に入る有名な会社でしたので、10部屋中3部屋空いていましたがすぐ満室になると思っていました。ですが、1部屋決まり、2部屋決まり、ところが残り1室になるとなぜかなかなか決まらないのです。気のせいか入居希望者の見学数（内見数）も減っているような。そして退去が発生すると1部屋決まり……この繰返しでした。

客付けが管理会社の自社付けのみだと弱いケースもあるため、募集条件も再確認し、管理会社の傾向も確認しました。法人契約に強く、新入社員や転勤のニーズを拾っている会社でした。ベスト3の会社だけに管理戸数も多く、実力的には問題なさそう。どうやら後回し物件にされている!?、という予感がしてきました。

地方では満室にならないことをうるさく言わないオーナーが多い上、空室率も全体的に高いのが実情です。「1部屋くらい空室でもいいじゃないですかオーラ」が漂ってきます。結局、自己紹介書をつくって各店舗の営業担当に挨拶に行くなど、自ら人間関係をつくって満室にしました。満室まで1年かかりました。いやー本当に苦労しました。

【解説】

購入前はどんな物件が買えるかで頭が一杯ですが、購入後すぐに直面するのは「募集・管理の問題」です。購入後の不動産投資の成否は募集会社と管理会社で決まると言っていいくらいに会社選びは重要です。物件の引き渡し前に、自分はどこの募集会社と管理会社にお願いするのかを検討する際、少なくとも複数の会社の候補を検討したいものです。

実際、管理付きでそのまま管理会社を引き継いだ場合に管理に関するトラブルが多いようです。面倒なようですが、近隣やターミナル駅の募集会社と管理会社を回って自分で話を聞きましょう。不動産投資の訓言に「物件は管理で買え！」というものがあります。**管理付き物件でも油断せずに、買う前に管理会社の状況を調べ、変更の可能性がある場合には変更後の契約内容や変更のタイミングなどを検討**しておきます。また、業務委託契約書の内容にもきちんと目を通しましょう。

オーナーが募集会社と管理会社に委託する業務は様々なものがありますが、業務は大きく分けると3種類あります（事例のように募集を行う管理会社があるため、募集と管理を合わせて説明します）。

▽①　入居者の募集、契約の代行（募集会社）

▽② **家賃の請求・回収、入居者対応（管理会社）**

▽③ **建物の清掃、維持・管理、修繕の実施（管理会社）**

基本的にはこれらの業務を全て委託するわけですが、**残念ながら管理会社は全ての業務を得意としているとは限りません。**入居者のクレーム対応が上手な会社、建物の修理・維持に強い会社など千差万別です。募集会社や管理会社との契約書では得意・不得意な業務は判断できないので、会社を変更することを前提に解約条件などをしっかりと確認しましょう。また、募集時の手数料や広告費の精算方法も確認してください。会社によって条件はかなり異なります。

3つの委託業務はそれぞれ重要ですが、**投資家が最も重視すべきは、やはり何と言っても「客付け力」、つまり「①入居者の募集、契約の代行」の業務です。**入居者が決まらなければそもそも家賃収入が得られません。

この最重要な「客付け力」について募集の代行契約には3種類あります。

◇**一般募集（一般媒介契約）**……複数の会社に同時に募集依頼をする方式。

◇**専任募集（専任媒介契約）**……1社に決め、その会社経由で募集をかける方式。自分で入居者を探すことが可能。

◇**専属専任募集（専属専任媒介契約）**…1社に委任し自分で入居者を探すことができない。

一般的には専任募集が多いようです。専属専任募集は採用している会社の数が少なく、あまり意識する必要はないと思います。

不動産オーナーから募集を依頼された業者を「元付け業者」、入居者を紹介してくれる業者を「客付け業者」と呼びます。元付け業者は自社で客付けができない場合は、広く近隣の会社に依頼します。不動産投資家としては募集会社のこれら客付けの優先順位についても知っておきましょう。入居が決まらない場合に、その原因を追究し、対策について協議できるようになります。

また、募集会社によっては**自社付けを主体としている会社、他社への客付け依頼を主としている会社などタイプは様々です。自社付けのウェートの高い会社の方が「客付け力」がある**と言えます。

募集条件は応募状況や市況に左右されるので、募集時にはその都度、募集会社とよく条件を確認してください。以前の契約条件のままの募集となり市況との差が生じることがあります。「客付け力」を見抜くために必ずすべき質問は、募集会社の現在の入居率と最近の募集手法です。入居率がすんなり出てこないようでは、その実力はあやしいものです。

発生頻度
★★★
影響度
★★

募集会社への依頼を必死にやりすぎた!?

管理 5

事例 これは私の新築アパートでの失敗談です。初めて取得した物件だったので、管理に気合も入っており、経費節約のために勉強も兼ねて「自主管理」をすることにしました。

自主管理をすると夜遅くでも入居者から連絡があるとか、苦情の電話への対応で大変という話を聞いていましたが、新築であり設備に問題はしばらく起きないこと、また仮に何かあったとしても自身が近くに住んでいたため、ある程度対応できると考えていました。ただし、自主管理といっても、何から何まで自分でやることは難しいので、自分以外の方にお願いできることはお願いしました。

自主管理の結果ですが、意外なほど手間がかからず驚きました。1年半の自主管理期間で電話がかかってきたのは1回。鍵をなくしたのでドアを開けて欲しいという内容だけでした。入居のやり取りの中で入居者の方とはある程度関係性ができていたので、クレームなどは一度も入りませんでした。新築の管理はほとんど手間いらずだとわかりました。

ただし、1点苦労した点があります。それは、入居者の募集です。新築の時は新築プレミアムも手伝って、募集からしばらくは自分の希望の条件で入居者が決まっていたのですが、しばらく経って1部屋空いた際の再募集には苦労しました。最寄り駅や近場の主要駅にある主だった募集会社へ片っ端から物件の情報を持って訪問して、入居者の募集を依頼をしました。

最終的には、賃料を新築時から7000円下げ、かつ敷金をゼロにして何とか入居者が決まりました。結局は一番やりたくなかった賃料を下げるという形で入居者が決まりました。

［解説］

私たち「ふどうさんぽ」の仲間にも同様の経験をした人がいます。その人は色々な募集会社に依頼し、最初から謝礼を多くするとか、何でもしますという**熱心すぎる募集を行ったところ、募集会社から逆に何か問題がある物件なのではないかと思われた**そうです。また、募集会社から入居意識の低いお客を紹介されたり、問題を抱えた入居者を紹介されたこともあったとのことでした。

これらの解決策を考えるにあたり、まずはこういった現象が起きる原因となる不動産業界の慣習を理解する必要があります。入居者を募集する際に、募集会社は一般的に次のような順序で募集をしていきます。

【優先順位】　①自社物件＞②自社の管理物件＞③専任媒介物件＞④一般媒介物件

「①自社物件」とは、自社で保有している物件です。自社で賃貸事業をする物件を真っ先に埋めるのは想像に難くないと思います。

次に、「②自社の管理物件」です。これはオーナーから、その不動産会社に管理を委託されている物件のことで、毎月その管理物件から、管理費用（賃料の３～８％程度）が入ることを考えると、早めに埋めて毎月の管理費用を確保することが重要です。また、管理を任されている物件でもあるので今後の管理のことも考えて、入居者も厳しく選定します。

続けて「③専任媒介物件」と「④一般媒介物件」について一緒に説明します。

専任媒介物件とは、自社のみで入居者を募集できる物件のことです。一方、一般媒介物件は、オーナーが様々な募集会社へ募集の依頼をしている物件です。

その状況を考えると、一般媒介は他の会社に入居者を決められてしまう可能性があります。そのため、一般媒介の物件については、広告活動をがんばっても広告費がムダになることもあるので、積極的に活動しないという事態が起きやすいです。特に一般のオーナーが、飛び込みでウチの物件に入居者を紹介してくれ！　とお願いしたところで、いきなり優先的に紹介してくれるかというと、そうはいかないことが想像できます。


以上のことを踏まえて、優先的に紹介してもらえる方法は、前述した優先順位の中で高い位置に入るのが最も有効です。つまり、**入居者を決める力の強い募集会社に、管理をお願いする、もしくは専任媒介で募集をお願いする**形です。

もちろんその他にも、優先順位を上げる方法はあります。それは、当たり前の話ですが、募集会社が紹介しやすい物件にするという方法です。

例えば、相場よりも賃料がかなり安く設定されていたり、その地域には珍しい間取りや設備を備えているなどの特徴があり、**他物件と差別化するということです。この場合は入居者がすぐ決**

まりやすい（場合によっては早い者勝ちになる）ので、優先的に紹介をしてくれる募集会社は多いです。

その他の方法としては募集会社への謝礼をはずむという方法がありますが、これはここでは記載を控えます。やはり相場に合った条件で早く募集を決めてもらうとなると、基本は前述したような構造を知った上でのアプローチが必要になります。

自主管理について補足の説明をしたいと思います。私が自主管理をする際に行った工夫も合わせて説明します。

前述した通り、**何から何まで自分でやることは難しいので、自分以外の方にお願いできることはお願いしました。その結果かなりラクに自主管理をすることができました。**

具体的には、まず契約書の作成や契約手続きについては、入居者を見つけてきた募集会社の契約書をそのまま使って、契約締結までその会社にお願いしました。

契約書はある程度どこの募集会社も同じ形式や文言になっているので、もし個別に加えて欲しい条件などがある場合は、その旨を特記事項に入れてもらいます。そしてさらに、契約の締結から鍵の引き渡しまでお願いしてしまいます。また、今回は退去時もその会社に立会をお願いし、原状回復の見積りまで出してもらいました。

正直少し割高な場合もありますが、ここはあまり価格交渉をせずにお礼もかねてそのまま依頼をしました。

次に、入居者の方には必ず**「滞納保証」**に入ってもらいます。滞納保証とは、入居者が家賃を滞納した場合に滞納分の家賃の支払を代わりに行ってくれる保証のことです。

よく間違えられるのは**「賃料保証（家賃保証）」**ですが、これはハウスメーカーなどが、建てた物件に対して入居者が入らなくても賃料を保証してくれるもので、滞納保証とは全く異なるものなので注意しましょう。

この滞納保証の取り扱いを募集会社経由で保証会社に打診します。この保証の審査をクリアできない方は、過去に滞納歴がある入居者などの問題のある人なので入居を断るという一つの判断基準にもなります。なお、私の場合は滞納についても契約書の中で条件をつけており、**2回滞納をした時点で退去してもらうと特記事項に加えており、その点を踏まえて契約をしてもらっています。**

急な水漏れや鍵をなくした場合の連絡先についても工夫できます。

よく言われる24時間電話がかかってくる可能性があるというものですが、これは入居の際に入居者自身が入る火災保険のオプションとして保証されている場合がほとんどなので、私はまずはそちらへ電話してもらうようにしていました。また、共用部の掃除についてですが、私たち家族がアパートの近くに住んでいたので、清掃などは妻に任せていました。

このように工夫をすればほとんど自主管理をしてもほとんど手間いらずでした。最初の物件や新築物件では経費削減のためにチャレンジしてみるのもありだと思います。ただし、不動産投資は自己責任ですので、ご自身で判断する必要があります。

発生頻度
★★
影響度
★★★

入居希望者に部屋を見てもらえなかった!?

管理 6

事例 勉強も兼ねて「一般媒介」で入居者を募集したことがありました。一般媒介とは、色々な募集会社にお願いすることで、広く募集をかけられるというメリットがありますが、自社以外の募集会社が入居者を決める可能性があるため、力を入れて募集してくれない可能性があります。

ただし私はその時は、自分の物件が他の物件にはない魅力があるとの自負があり、見学すれば気に入ってもらえると考えていました。募集したのは1Kと1LDKの2部屋。募集時期は6月で、事前にしっかりと地元の募集会社に相談して、賃料や条件は相場に応じたものでした。

ですが、いざ募集をかけてみるとなかなか入居者が決まりません。熱心に多くの募集会社を回ったのですが、状況は変わりませんでした。募集会社に相談したところ「特に1LDKの方はこの面積から考えると賃料が高いです。近くでこれよりも広い2DKで1～1.5万円程安い物件の募集がありますよ」と言われました。しかし、私のアパートは、1Kと1LDKはともに大きいロフトをつけており、特に1LDKの方はファミリータイプにもかかわらず、ロフトは7帖あり、また2階（最上階）部屋でもあるので、縦の空間を活かしてリビングとキッチンの上部が吹き抜けで、開放感のあるつくりでした。

そこで、募集会社の営業担当に図面を渡して説明するだけでなく、現場へ来てもらい物件の強みを体感してもらいました。結果、部屋を見た募集会社が、3日後に入居者を連れて来てくれて希望額で入居が決まりました。入居者は私の1LDKを内見して他にはない設備・間取りに惹かれてすぐに入居を決めてくれたとの話でした。

【解説】

入居者に部屋を見てもらえなかったのは、「募集会社の営業担当が見たくない部屋」だったからだということです。**募集会社の営業担当が見たくない部屋というのは、「入居希望者と一緒に物件の見学に行っても入居してくれない部屋」という意味**です。

募集会社によっては図面だけで判断してしまい、実際に部屋の中を見ることなく案内の対象物件から除外されてしまうことがあるのです。営業担当の身になって考えると、管理物件や専任媒介の物件など営業担当にとって有利なものが手元にあり、そこに一般媒介のオーナーが面積の割に賃料の高い物件を持って来たとしても、後回しになってしまうのは当たり前の話なのかも知れません。

今回のケースは、全ての物件に当てはまるわけではなく、新築や特殊な間取り、優れた設備などのある物件に限られるとは思いますが、**実際に募集会社の営業担当に部屋を見てもらうということは、実は有効な手段の一つ**です。

あらためて聞くと「そんなことか」と思うかもしれないですが、自分の経験からも意外と見落としがちなことだったと思っています。

不動産投資は実際に物件を取得してみたからこそ、実際に行動したからこそわかることが多いです。自分自身がオーナーをしながらどんどん経験を通じて生きた知識を積み上げて行く必要があると感じました。

発生頻度
★★★
影響度
★★★

管理会社が滞納対応をしてくれなかった!?

管理
7

事例

JRターミナル駅から徒歩10分の一棟物のRCマンションを購入した時のことです。RCマンションの売主である建築会社には管理部門もあり、管理部門に管理をまかせることが購入条件でした。少し気になったのですが、建築会社がいちおう上場会社だったので、しっかりしているはずだし、大丈夫だろうと思って決断。でも、後から考えると甘かったのです。

マンションの部屋は安価な1Rなので入居者は若い男性ばかり。彼らのまぁルーズなことルーズなこと。家賃は翌月分を当月内に払い込むのがルールなのですが誰も守らないのです。

Aさんが月をまたいで、遅れて5日に入金。月末は当然滞納扱いなので大家に入金はありません。翌月にはAさんが月ずれのままBさんが新たに滞納! しかも管理会社の支払計算書が計算ミスの嵐。毎月自分で検算しないと滞納がいくらあるかわからない始末。

当時、家賃収入が月額65万円に対し、積もりに積もった滞納が何と48万円に! こんな状況が購入直後から続き、いつになったらみんな滞納しなくなるの……と不安で一杯でした。

売主の建築会社との管理契約は2年契約でしたが、ついに管理会社の変更を決意。あわてて管理の契約書を読み返し、2ヵ月前に通知すれば解約できることを確認。

滞納されている家賃の回収責任を放棄されたらどうしょうと不安にもなりましたが、過去の滞納に関する計算ミスや回収交渉の手際の悪さを明記した文章を作成し、管理部門の部長宛に提出。解約通告とともに滞納金の早期回収を交渉しました。

最終的には満額回収で円満に解消できましたが、滞納のストレスで胃が痛い半年間でした。

【解説】

不動産投資において購入後の悩みは「空室」と「滞納」の2つが中心です。滞納は資金繰りの悪化にもつながり、ぜひ避けたいものです。まず滞納の発生要因を認識しましょう。

要因は大きく2つあります。「入居者自身の経済的変化による困窮」と「支払期限の遵守の意識の低さ」です。多くはこの2つの要因が絡み合って滞納は発生します。

実際には後者の「支払期限の遵守の意識の低さ」の方が重要です。真面目な性格の方は失業などの経済的に困窮な状態になっても家賃支払の優先度が高いため、きちんと払ってくれます。

一般的には支払期限の遵守の意識は、独身でかつ年齢が若いほど低い傾向があります。逆にファミリー層では滞納の心配は比較的ありませんが、どうしても物件の利回りは低くなります。

中古アパートは新築に比べて家賃を低く設定せざるを得ないため、入居者側の考え方として、「とにかく家賃が安けりゃいいや」という人ばかりになります。空室率が上昇している昨今では大家の空室を避けたいという思いが強くなり、募集条件が甘くなりがちです。保証人なし、低年収可、そして敷金・礼金なしのいわゆるゼロゼロ物件、そしてフリーレント（家賃無料）の期間を設定するなどと条件を緩和していきます。

設定家賃と入居者属性（この場合は支払順守意識）にある程度、相関があることは覚えておくべきことです。**募集条件を甘くすると入居者属性が下がります。**このバランスをどうとるか悩ましいところです。

滞納防止策の手始めは「入居者審査」です。入居申込みの段階で滞納リスクのある人を排除できれば、滞納の発生を抑えることができます。

入居申込者には様々な人がいます。高齢者、生活保護者は社会的には経済的弱者ですが、自身に経済的弱者であるとの自覚があり、法制度もしっかりしているため意外と堅実です。偏見はよくありませんが、季節労働者、水商売、パートタイマーなどの雇用形態の安定していない場合に滞納リスクが上がるようです。かといってオーナーには住居の安定的供給という社会的責任もありますので、このような方々を一律に拒否するわけにはいきません。

滞納防止策の第二としては、賃貸契約に**「連帯保証人」**をつけるのが一般的です。連帯保証人は入居者に代わって支払義務を負うので、債権確保という意味では安心です。ただ、連帯保証は発生予防というより、最後の回収先という意味合いが強いことを理解しておくべきです。

最近は連帯保証人を確保するのはそれなりに大変だったり、連帯保証人がいない（もしくはつけたがらない）ケースも多く、そこで活用されるのが**「家賃（滞納）保証会社」**です。入居時に審査があり、保証会社がＯＫとなれば手数料を入居者が負担することにより、いざという時の家賃の肩代わりをしてくれます。いわば家賃の保険のようなもの。手数料は家賃の０・５ヵ月以上というところが多いようです。

家賃保証会社には2つのタイプがあり、入居者の代わりに毎月払う**「信販系集金代行方式」**と、万が一の時に代わって払ってくれる**「代位弁済方式」**です。管理会社によって扱い先が異なるので、詳しくは管理会社に聞くといいでしょう。

もう一つ知っておくべきことは、**「管理会社による立替払い」**です。

これは入居者からの入金がなくても、いったんは管理会社が肩代わりして大家に払ってくれるもの。入金交渉は管理会社が行います。この制度があれば大家は滞納の心配からほぼ解放されます。

自主管理をしているオーナーの場合は、滞納発生時は早め早めの対応が鉄則です。**連帯保証は最終的な債権確保はできますが、交渉がすんなりいくかは別問題。その手間はなかなか大変**です。やはり発生予防と早めの対応が一番です。また、事例でもあったように管理委託契約書のチェックも必要です。管理委託契約の解約要件などは事前に確認しておきたいですね。

滞納の恐ろしいのは入金がなくても会計上は「売上」になってしまうということ。未入金は未回収債権で税務上は関係ありません。つまり**お金が入ってなくても利益対象として計算され、税金の対象になります。入金もなく、税金もとられる。滞納はまさに踏んだり蹴ったり**です。ベテランのオーナーでも意外と知らない方が多いですが、これが滞納の最大の注意点かもしれません。

発生頻度
★★★★
影響度
★★★

地方の管理会社が真剣に対応してくれなかった!?

管理
8

事例 私が初めて地方都市に物件を購入した時の話です。北陸地方の表面利回り18%のRC物件でした。30室中20室が空室で、屋上より漏水のリスクありという物件でしたが、自主管理で全く入居者の募集活動がなく、きちんと募集すれば十分に埋められると判断、購入しました。

まずは募集会社をインターネットで検索し、リスト化してグーグルマップで訪問する順番を決めました。都会のように駅前に店舗が集中しているわけではなく、幹線道路沿いにポツリポツリと点在していたのでレンタカーが必須です。結局2~3日かけて主要な募集会社のお店を巡りました。

空室が多いということもあり、客付けは広く一般募集で各社にお願いしました。ただしメインの募集会社を決め、進捗報告を各社分をとりまとめてください、というお願いをしました。

その仕組みが最初は機能していたものの、メインの募集会社の態度が途中からあまりやりたくないという雰囲気になり、各社からも、私の方に直接問い合わせが来るようになって……。メインの募集会社の話を聞いてみると、ライバル会社にはあまり電話したくない様子。他社と協力しますとは表面的には言っても本音は違った、ということでした。

また、募集条件として、広告費を多く出すオーナーが少ないと聞いて、差別化のため広告費を2ヵ月にしたのですが、これが反応がさっぱり。部屋を修繕してくれる方が良いと言うのです。

地方は歴史のある管理会社が多く、社員も目先の利益より信頼関係を重視する傾向が強いです。郷に入っては郷に従え、ということを学びました。

［解説］

不動産投資において、その投資環境という意味で、首都圏、大阪、名古屋の3大都市圏とその他の地域とではかなり違います。入居ニーズの高い都市部での投資ではなく、**地方を投資対象とする場合、その違いによる戦略立案が必要**です。

違いを「市場特性」と、「管理会社の特性」という2つの側面で見てみましょう。

まずは地方の「市場特性」です。都市部とは異なり人口減少が激しく、空室率30%を超える地域が珍しくありません。**ただし人口減少と言っても一律ではありません。**過疎地域から中核都市に人口移動が起きているなど、堅調に推移している場所もあります。人口問題研究所や市町村のサイトで人口推移を確認することをオススメします。様々なヒントが潜んでいます。

空室の増加を受けて利回りの高い物件が多く売買され、リスクは高いものの投資としての旨みがあるのが地方の特徴です。

地方で物件探しをすると、空室が多いわりに、対策をしている形跡がないことに驚きます。これは首都圏では考えにくいことです。

原因は地方の物件オーナーは地主系大家が中心、という構造にあります。

彼らは元々土地を所有しており、土地の取得コストがかかっていません。その分ローン負担が少なく、大きな経費としては固定資産税ぐらいになります。2～3割の空室という損害をあまり気にせず放置している（あきらめている？）というわけです。募集条件にもうとく、管理会社と能動的に条件見直しを行うといったことも少ないようです。

元々相続で土地を取得しているため、経営者マインドが薄く、時代に合わない敷金礼金設定のまま放置し、その結果、空室という事例のようなケースもよく見かけます。また、土地を手放す感覚が薄く、売却しての出口という概念も薄いようです。

私たち「ふどうさんぽ」の札幌遠征で地元の不動産屋に聞いたところによると、投資物件の購入者の半分以上が関東圏ということでした。札幌、福岡などを除くその他の一般的な中核都市では投資家による購入は1割程度と言われます。まだまだ参入の余地はありそうです。

ビジネス意識も少ないまま地主系オーナーが空室を放置し、建物という貴重な資源を老朽化させるくらいなら、事業意欲のある投資家がどんどん地方不動産市場に参入した方が日本経済のためにも良いのかもしれません。

地方投資のリスクの一つとして、不動産投資に大きな影響を与える大規模施設の開発動向や人の流れの変化などの地場情報が遠隔地では入りにくいということがあります。対策としては、何度も訪問し、土地勘を養う、適切な管理会社を選定する、しかありません。不動産の市場環境は常に変化することを忘れてはいけません。

では次に、「管理会社の特性」を見てみましょう。

地方で管理会社を回って気づくのは、宅建免許の番号が大きい会社が多い、つまり地元で長く商売をしている会社が多いということです。そのために**ライバルを含めたお互いの付き合いも長く、シェアや力関係も固定的で、それぞれの守備範囲で住み分けている**のです。そのため、得意分野の違う管理会社に頼むと、なかなかうまく進まないといったことが起こります。今回の事例はこんなケースかもしれません。

行動面でも、のんびり、メールは苦手、アクションが遅い、といった面があるのは否めません。都市部のようなスピード感では物事は進みません。地縁血縁が商売の基本で、そもそも新規参入自体が難しいために顔ぶれもずっと同じで、考え方も保守的になるのだと思われます。

彼らの経営目的は長く地元で生きていくことですので、短期的利益追求型ではありません。そのため今回の事例のように、新規のお客が広告費を多く出したことに対して積極的でないのも古くからのオーナーを大事に考える傾向にあるためです。同様に営業担当者個人へのインセンティブもあまり歓迎されません。

このように保守的な管理会社が多いですが、経営者が代替わりするなど徐々に変化はあります。はじめは地方の管理会社と仲良くなるのは大変ですが、**訪問を重ねてコミュニケーションが円滑になれば、仲間とみなされて物事が非常にスムーズになるのも特徴**です。

管理会社に手土産持参で挨拶するなど積極的にアプローチしてください。関係づくりのため定期的な懇親会を開催している「ふどうさんぽ」の仲間もいます。

発生頻度
★
影響度
★★

管理会社の社員がドンドン退社してしまった!?

管理 9

事例 私は20年以上の会社員生活のほとんどを法人向けの営業担当として過ごしました。そんな私が、不動産投資に新たに参入してみると、この業界、「不思議だなぁ」「古いなぁ」と思うことがたくさんあります。

一般のビジネスでは取引は会社対会社の行為です。個々の営業担当の存在は重要ですが、個人と取り引きしているわけではありません。異動があろうが、転勤があろうが、それぞれの会社の担当を代えて会社対会社の取り引きは継続します。しかし、不動産業界では違うようなのです。

ある時、某物件の管理会社で、担当者が退職しました。社員の退職は仕方がないのですが、その後が大変！ とっくに決めてあるはずの募集条件について、広告費やインセンティブ予算の取り決めを後任から再度確認されたり、すでにもらっている原状回復工事の見積りがまた出てきたりとか、「前任者からの引き継ぎちゃんとやっている?」と感じることが何度も……。

社員が辞めても、変わらない顧客サービスをすることが会社の責務だと思うのですが、この業界はほんとに属人的だと感じました。しかも、不動産業界は離職率も高いのです。

後でわかったのですが、入居希望者の内見対応でも普通の営業担当とエース営業担当では契約率が相当違うとか。物件を見せる順番とか、説明トークとか、色々なテクニックがあるようです。一般社会でも営業担当の力に差はありますが、お客をないがしろにはしないですからね……。退職の度にサービスレベルが下がるのはとても困ります。早く、会社対会社で安定したサービスが提供できる業界になって欲しいと思うのは私だけでしょうか。

【解説】

私たちオーナーが物件購入後、管理会社に求めるものは高い客付け力、オーナーの立場に立った物件管理能力です。事例にあるように**不動産業界は残念ながら属人性が強く、システム化が遅れています。**色々な対応力が個人的なスキルに依存しています。

原因の一つとして、**不動産はそもそも情報公開の少ない閉じられた市場である**ことが挙げられます。古くからの地主の土地活用が業界の成立基盤であり、地主は土地の売買をほとんど公開しません。公開しない理由は、近所の人に売却理由をあれこれ詮索されたり、近所で噂になるのがイヤだからです。

それがそのまま不動産業界の風潮となり、管理会社も自分の知り合いの不動産屋仲間にこっそりと情報を流し、売却先を探します。情報公開すると様々な不動産屋が利益を求めて動き出し、連絡が多くなって作業が煩雑になるなど取引がスムーズにいかなくなることも多いのです。

このように関係者だけで、閉じられた市場をインサイダーマーケットと言います。第三者はアウトサイダーとなり、その市場に参加することがとても難しくなります。逆に言えば、市場関係者は自分たちだけで取り引きを回しているだけで、利益を自分たちで独占することができます。その意味では不動産業界は新規参入が難しい業界と言えます。

「売買契約」においては、さすがに高額商品なのに不透明ではまずい、ということで改善が進んだとの背景があります。事実、契約時には宅地建物取引士が重要事項を説明することになっています。ただし、取引価格は相対取引のため、まだまだ不透明さを残しています。

一方、「管理」においては、売買ほど整備が進んでおらず、契約書の内容も非常にラフなものが多いです。これは、そもそも契約の相手方である地主系オーナーが精緻な契約を望んでいないことによります。地主系オーナーは面倒な契約書など見たくないですし、不動産に伴う庶務を管理会社に丸投げしたいのです。また、入居者募集においても管理会社は定期的にレポートなどで報告義務がありますが、目を通すのも面倒なのでレポート不要というオーナーも多いのです。

こんなオーナーに囲まれた管理会社の情報公開が遅れているのは無理もありません。仕組みをつくって近代的な経営をするよりは、オーナーと仲良くなる方が大事なのです。**属人的なスキル頼みの状況を改善しないでもやっていけた**、というのが正直なところでしょう。

やはり、私たち「ふどうさんぽ」の仲間の他のケースでも、今まで空室が出てもすぐに入居が決まっていた物件が急に空室が埋まらなくなったことがあるそうです。調べたところ、客付けを担当していた社員が退職していたことがわかったとか。特に都市部の管理会社では残念ながらまだ離職率の高い業界なので注意しましょう。

物件の環境を改善し、長く快適に住んでもらうテナントリテンションや、長期的損益の極大化を目指すプロパティマネジメント、という現代的マネジメントのアプローチが始まっていますが、まだまだ都市部の一部の業者だけです。業界の脱皮まではまだしばらくは時間がかかりそうです。

オーナーとしては次のような動きが求められます。

▽密な情報交換

オーナーと管理会社が良好な関係を構築する必要がある。

▽システム化を要求する

オーナーが状況を理解しやすいレントロール（家賃明細表）や、修繕工事（リフォーム）の履歴管理などを要求していくことが大事。

▽インサイダーになる

最終的には実績をつくって自らも閉じられたメンバーの一員になる、というスタンスも必要かもしれない。

これから不動産投資を勝ち抜いていくためには、**オーナー自らが先頭に立って現代的マネジメントを実践していくことが求められる**と考えられます。不動産投資は「不労所得」ではなくなってしまったのかもしれません。

発生頻度
★★
影響度
★

管理会社が保険の請求の方法を知らなかった!?

管理 10

事例 数年前、築40年を超える木造アパートを買いました。築古の建物なので色々と問題があることを予想し、加入する火災保険の内容を吟味し、基本部分を安めに設定しつつ漏水などの特約を充実させました。

購入後、築年数が古いため案の定、色々なトラブルが発生しました。トイレや台風での雨漏りなど、水関連のものが度々発生したため、保険を活用しながら都度、修繕を行いました。どれも数万円程度の修繕なのですが、まとまると結構な金額になります。ですが、保険で半分以上補償され、大変助かりました。

ただし、保険の請求を何回かやってみて感じたのは、その対応自体が結構な作業負荷であるということ。保険は申請までにいくつかのプロセスがあります。管理会社から連絡を受けてトラブルの状況を確認。直せるかどうかを判断し、リフォーム業者を手配して見積りをもらいます。それを保険会社に報告し、価格や内容によっては保険会社からの質問に回答する、などなど。自分でやると大変です。管理会社が保険の請求ができないということで私が全部やりました。遠方のアパートだったため、現地を見に行く必要もあるなど、会社勤めの身には大変つらいものでした。

別の物件で加入した保険では、管理会社とリフォーム業者、保険代理店の連携がしっかりしていたため、その物件の保険の請求はやってもらえました。保険で注意すべきは費用だけではなく、対応も含めたトータルコストだと痛感しました。分業化しすぎると管理負荷が不動産オーナーに集中することがあります。ご注意ください。

［解説］

この事例の管理会社はダメダメな管理会社だったため、管理変更をしました。

管理業務の範囲は管理会社によってバラバラで、管理会社の一部には、家賃の集金だけをメイン業務と考えているところもあります。そうでなくても、管理会社は保険の請求対応を面倒くさがるところが多いです。そんな管理会社に管理を依頼していると、漏水などの事故が発生した場合、入居者から入った連絡をそのままオーナーに伝えて、後処理はそちらでお願いします、となる場合もあります。時間外対応はオプションですと言われて終わりです。

自主管理のオーナーを除いて、こういう処理をされてしまうととても困ります。**何かあった時（有事の際）の連絡ルート、裁量範囲、報告事項についてはしっかり決めておくと良いでしょう。**

一般的には、事故は入居者が発見します。したがって、入居者からの第一報への素早い対応が非常に重要となります。管理会社が24時間対応してくれることが理想ですが、不可能の場合は24時間対応の受付サービスなどがあるので、検討しましょう。入居者からの連絡をとれるようにしておくことが、物件の管理上からも、入居者満足度の観点からも必須です。

管理会社の入居者対応が不十分な場合、あるいは補足する意味でも、不動産オーナーと各パートナーとの連携をとれるようにしておくのがオススメです。いわば不動産投資チームづくりですね。

管理会社の業務に内包または管理会社の協力会社としてあると良い会社としては、次のような会社があります。

▽**保証会社**

入居者の滞納保証を行ってくれる。非常に重要な存在です。

▽**24時間対応のコールセンター**

入居者の緊急連絡先です。突発的な事故やトラブルへの対応ができれば、事故やトラブルを小さな火種で鎮火することができます。

▽**インターネット代行業者**

インターネット使い放題の設備を構築します。

▽**リフォーム業者**

管理会社経由以外にもパイプがあれば、何かと便利です。

▽**保険申請代行会社**

火災保険には自然災害で対応できる範囲があるなど、実は保険は使いこなせば色々役立つサービスです。一般の保険会社は申請を受け付けるだけですが、申請可能かアドバイスして、書類も揃えてくれる保険の申請を代行する会社があります。知っておいてソンはない存在です。

▽金融機関

修繕費用や次の購入資金のため、良好な関係を構築しましょう。

▽その他専用サービス

「高齢者見回りサービス」「遺品片づけ業者」「Airbnb代行業者」など。

これらの会社のサービス内容は時代と共に変化していくので、アンテナを立てて情報収集しておきましょう。

チームコントロールを全てオーナーが行うのは管理負荷が大変ですが、管理会社の牽制《けんせい》のためにも自分で直接コンタクトできる不動産投資チームを持つと、とても心強いです。

発生頻度 ★★★★
影響度 ★★

管理 11

敷地内にゴミを不法投棄されてしまった!?

事例 管理会社とは、なるべくメールでのやり取りをお願いしていますが、それでも電話がかかってくる時があります。そんな時はたいていトラブルで至急の用事です。

その時も電話がかかってきて、出たくないなぁ……というわけにもいかず電話に出ると、案の定です。「ゴミ置場なんですが、不法投棄がされています」。

中古で購入したマンションなのですが、敷地内のゴミ置場に、テレビ、全長2mくらいはあろうかという鏡、木の棒などが捨てられているというのです。購入直後にもテレビなどの不法投棄があり、それは私の費用で処分したのですが、再度の不法投棄ということで事態を重く見た管理会社から連絡があったのでした。

色々対策を協議した結果、ちょっと工夫した警告文を掲示することにしました。

『○○警察署に捜査と監視強化を依頼いたしました。もし犯人を見かけた場合は、
①○○警察署生活安全課
②△△管理会社まで、ご一報をお願い致します。（秘密厳守いたします）
また、犯人検挙に結びつく情報提供者の方には、謝礼と致しまして金3万円を差し上げます。』

効果てきめんでした。不法投棄はピタリと止まり、すでに捨ててしまった方も、お詫びとともに名乗り出てこられ、一件落着となりました。

【解説】

ゴミ問題は住環境の悪化の第一歩として非常に多い問題です。ゴミ置き場の清潔さの維持、分別の徹底、いずれも地味ですが重要な取り組みです。テナントリテンション（入居者保持）の第一歩と言っても過言ではありません。

ゴミ問題は行動主体で分けると外部犯行と内部犯行に分けられます。

いずれにも共通する最重要な原則は「ゴミはゴミを呼ぶ」です。**1つのゴミや汚れがあると、もっとゴミを捨ててもいいという心理になり、次のゴミを呼びます。**そのゴミがまた次を呼び、こうして雪だるま式に環境が悪化することになります。ディズニーランドにゴミを捨てにくいのは全く逆の心理です。最初のゴミや汚れを放置しないことが鉄則です。

「外部犯行」とは、入居者ではない外部の人がゴミを捨てることです。通りすがりの人が手持ちのゴミを集積場に捨てるケースです。まれに指定の集積場が遠い、大型ゴミの扱いに困ったなどの理由で、意図的に他のアパートに捨てるような悪質なケースもあります。

外部犯行への対策は、捨てにくくするための物理的改善です。蓋付きのゴミ収集庫の設置やカギを掛けるなどです。悪質な場合は防犯カメラの設置という手もありますが、コスト的には高額になるので防犯目的がなければ採用しにくい手段です。

継続的な投棄の場合は、警察に相談するなどの手段も必要になります。事例にあるような「脅かし掲示作戦」も有効かもしれません。

外部犯行にはもう一つ、人ではない場合があります。ペットの糞尿などの被害です。動物の生理現象ですから仕方がない面もありますが、やはり犬、猫のマーキングは臭いが大変です。植え込みなどがあると見た目はきれいですが、誘発する要因になってしまいます。対策としては警告ビラや専用の薬剤を撒く、などになります。

「内部犯行」に対しては、多くは長期戦を覚悟しなければなりません。根本的には入居者のモラルの問題だからです。ファミリー系物件でも難しい問題ですが、1R系、独身系アパートとなればなおさらです。

違反タイプとして3つの種類があります。

▽① **決められた日を守らない**…これは軽度の違反だが、そもそもルールを守らない人は②とセットになる。

▽② **分別をしない**…近年は自治体の回収ルールも厳しいので、分別が悪いと回収せずに放置される場合も多い。これが汚れのスタートになる。

▽③ **捨ててはいけないものを捨てる**…これは悪質で、放置はできない。犯人を特定すべき事柄となる。粗大ごみの投棄もここに含まれる。

内部犯行の場合は、物理的改善だけではなく、ソフト的改善（啓蒙）も必要になります。何しろ相手が入居者のため、ゴミ捨てそのものを禁止するわけにもいかず、再現性が非常に高いのです。また、物理的改善は、蓋付きのゴミ収集庫の設置や、清掃回数増加、観葉植物の設置による環境改善などです。防犯カメラについては外部犯行と考え方は同じです。

ソフト的改善（啓蒙）はお知らせの掲示に始まり、各戸訪問や事例のような「脅かし作戦」が考えられます。違反タイプが②〜③であれば、いよいよ犯人探しの必要性が視野に入ります。ゴミの内容や捨てられた時間帯から犯人が特定できることもありますが、いきなり問い詰めてもうまくはいきません。まず相手は認めませんし、嘘をつきます。

事例の脅かし作戦を、「あなたがやったんでしょ」とは言わずに、ポスティング（投函）または面談で行います。要は、**ばれたらマズイもう止めよう、と思わせればいい**のです。

せっかくあの手この手でゴミ出しマナーを向上しても、入居者が入れ替われば元の木阿弥です。ゴミ問題の対策は継続して実施していくしかありません。実際にはオーナーが自らやるのではなく、管理会社にお願いすることになります。

管理会社にお願いしても、管理スキル（入居者対応）が低ければ、防犯カメラの設置が必要になります。管理会社にゴミ問題を相談した時、管理会社の担当者から前述したような対策がすんなり出てこないようなら、管理スキルが低いという目安になるかもしれません。

もし、管理スキルが低すぎて十分に対応されないと思った時は、管理会社を変えることも選択肢に入れておきましょう。

発生頻度
★★★★
影響度
★

セルフリフォームに苦労させられてしまった!?

管理 12

事例 築古戸建てのリフォームで様々な業者に見積りを依頼しました。プロパンガス屋、工務店、個人でやっている大工、ペンキ屋、シロアリ駆除の業者。そうこうしている間に、色々な人の話を聞き、自分でもリフォームができるのではないかと思い始めました。

自分でリフォームすることで、お金を節約でき、リフォームの知識も身につき、スキルが身につくはずで、そうなれば、さらに今後、業者に任せるにしても見方が違ってくると思ったのです。

そもそも、私は子供の頃、父や祖父の大工仕事を手伝ったりしていました。ノコギリで木材を切ったり、庭の一部に自分でセメントを流して車を停められるようにしたりなんてことも小学生で経験しています。そのためか、夏休みの図工の課題は常に凝ったものをつくっていました。もちろん、図工は大好きでした。そんな私なので「本気を出せばリフォームなんてちょろいもの」という甘い考えがありました。

しかし、材料を購入し、いざリフォームとなったら子供の頃の溢れんばかりのクリエイティビティは、社会人生活を続けるうちに「上司からダメ出しをされないことが最優先の仕事」という、つまらない人間になったのかもしれません（笑）。「壁を下手に壊したらどうしよう?」「有機溶剤とか吸い込んだらタイヘン!」「アスベストが飛んできちゃうかも」などと色々ネガティブなことが頭をグルグルとめぐり、時だけがただ静かに経過していきました……。

その後、自力の限界を感じたため、先輩投資家にリードしてもらいながらセルフリフォームをがんばり、何とかリフォームを終えました。

［解説］

まず大前提ですが、セルフリフォームやＤＩＹって誰でも、どんな環境の人にも向いているというわけではないと思います。ＤＩＹが大好きなオーナーの書籍も多くありますが、それらの書籍を読んで、私は「自分でもできるかも！」という気になっていました。

しかし、実際に自分の物件の外構をセルフリフォームした時、最も動けない人間は私でした。先輩投資家夫妻を呼んで手伝ってもらったのですが、先輩が「ここ持って！」「はい、次はここ！」とわかりやすい指示を出してくれ、やっと動くといった有様でした。子供の頃には、大好きで得意だったはずなのですが、こんなにも変わってしまったようです。時の流れとは何て残酷なものでしょう。自分の性格などは事前に見極めた方がいいかもしれません。

また、セルフリフォーム自体、お金がないからやると言う側面が強いのかと思っていましたが、実際はそうでもないケースも多々あるようです。**すでにある程度以上の規模で不動産投資をされている方が、セルフリフォームに向いているという面もある**と思います。

実際ある程度以上の規模の不動産投資家がこれまで多くのリフォームを経験してきているため、スキルも知識もあります。さらに彼らには比較的自由になる時間があり、建物にも詳しく、場合によっては職業訓練校に通った経験があったりもします。不動産投資自体も、ＤＩＹも駆け出しで、安く済ませられるかも程度の私や不動産投資家の初心者の方々とは、根本的なところですでに差があります。

それでもセルフリフォームをやってみたい方には、投資仲間からリフォームの先生（先輩投資家）を紹介してもらうことをオススメします。私は「ふどうさんぽ」で知り合った方からリフォームの先生を紹介してもらいました。さらには、セルフリフォームは孤独ですので、できればリフォーム仲間をつくってお互いの物件を一緒にリフォームすることも効果的です。

がんばってセルフリフォームしてきた現在でも、正直に言うとセルフリフォームが自分に向いているとは思えません。リフォーム作業の多くは、相変わらず私には先の見えない仕事で、モチベーションが上がらないことなんてしょっちゅうです。現在は、サラリーマンの仕事が急に忙しくなり、日々遅くなるためか休日もなかなか物件に通わなくなってしまいました。

とはいえ、セルフリフォームをしたことで身についたこともたくさんあります。今では電動ドリルドライバーを使いこなし、ノコギリでのカットも早くなり、安全な状況が確保されれば丸ノコも使えます。相変わらず、壁を塗ったり、クロス貼りなどは不得意ですが、習熟度が上がってきたのは確かです。木造の建物については多少理解しつつあります。

そのため、購入対象の物件を見学した際にも、今まで全く気づかなかった点にも気づき、この物件の立地ならこのようなリフォームを行なうと受けるかも！　というイメージもできます。このように、得られたものもとても多くあります。

「セルフリフォームって楽しそう！」と思っている多くの方は、きっと才能がある人が多いと思います。ただし、中には私のように実際にやってみたら結構タイヘンだと気づく人もいるはずです。自ら購入した物件で**いきなりセルフリフォームをやるのではなく、どこかのリフォーム会でお手伝いをするなどの経験を積んでおく方がいい**でしょう。実際にセルフリフォームしてみて「実は向いていないかも」、逆に「すごく楽しい！」となるのか、自分の特性を確認しておきましょう。

最後に一つ注意点をお伝えします。セルフリフォームは、たとえ好きで才能があるとしても、それを今やるタイミングかどうかは別、と考えた方がいいでしょう。セルフリフォームは、ハマる方はハマります。一方で、貴重な時間を使ってセルフリフォームをすることになります。**セルフリフォームにかかった時間を使って、お金を稼いだり、他の投資物件を探した方がいい、という状況の人もいる**でしょう。

例えば、私たちふどうさんぽの仲間にも、「セルフリフォームは大好きで自分に向いている。ただ、今は仕事が忙しく、選択と集中の考え方から時間を確保するため、リフォームはプロの業者にお願いして、自分は次の物件購入の作業に注力している」という方も多いです。

まとめると、不動産投資は、投資でありビジネスでもあります。自らの投資スタイルを考え、限られたリソース（資源：時間・お金など）をどのように配分するか、経営者・投資家として常に正しい判断ができるように高い視点を持つのが大切なのです。

発生頻度
★★
影響度
★

管理
13

セルフリフォームでケガをしてしまった!?

事例 全8部屋が空室のアパートを購入して、自分自身でリフォームを行った時の話です。今後のためにも自分でリフォームを行おうと考えました。3月までの引っ越しシーズンに賃貸募集を間に合わせたいため、1月の引き渡しから急ピッチで急いで作業に入りました。

とはいえ、2、3ヵ月の期間で8部屋ものリフォームを行うのは、専門業者でもタイトな作業です。私は、平日はフル勤務のサラリーマン、当時1歳の娘のいる父親でした。平日はできるだけ早くサラリーマンの仕事を切り上げ、片道1時間かけて物件へ通い、連日終電まで作業を行いました。休日は、家族に理解してもらい、朝から終電まで作業を続けました。朝まで作業を行う日もありました。

こんなにがんばっても当初予定していたスケジュールからどんどん遅れていきました。そんな中、その日も一人、小さな電気ストーブを焚きながら、終電まで作業をしていました。その日は、各部屋のドアをペイントするための、下地に使用する壁紙をカットしていました。ドアのサイズを測り、ひたすら壁紙をカットする単調な作業です。疲労と焦りからか、何と壁紙を抑えていた左手の指をカッターナイフで思いっきり切ってしまったのです。親指先をスパっと切断し、見えてはいけない何かの破片が飛んでいくのが視界に入りました……。

その後、病院に通いながらも作業を続け、リフォーム作業が終了したのは、4月後半となり、引っ越しシーズンを逃してしまいました。そして、幸いにも人の体は丈夫なもので、1ヵ月もすると、切ってしまった指はほぼ元通りになり、体はことなきを得ました。

［解説］

怪我をしてしまったことや、完成までに計画よりも時間を要してしまった一番の原因は、「①タイトすぎる計画」と「②選択と集中のミス」でした。

◉① タイトすぎる計画

今回の事例の計画では、**３月までにリフォームを完了させて、賃貸募集の繁忙期に間に合わせたいという思いが強すぎて、希望的観測でことを進めていました。**

例えば、「平日も終電まで作業すればいいや」「雪なんか降らないだろう」「どんどんうまくなって作業スピードが上がるだろう」など、今振り返ると、感情を含んだ計画でした。

このような計画立案は、今回のようなリフォーム工事だけではありません。不動産投資を行うには、投資家の目線で日常的に多くの計画立案を立てることが求められます。

物件の購入時であれば、「当該物件運営における収支計算が妥当か否か？（大型修繕計画、想定家賃や家賃下落予測など）」「本物件購入後も継続した物件購入が可能か否か？（資金計画など）」などの計画ができるかどうかが挙げられます。

もっとシンプルな例として、サラリーマンをやりながら不動産投資をしているのであれば、**「限られた休日の時間をどのように費やすか？」**といった活動計画も計画の一つと言えます。

計画立案のコツは、計画を立てて実行して終わりにしないことにあります。ビジネスの世界に

ＰＤＣＡというものがあります。「計画（Plan）→実行（Do）→評価（Check）→改善（Action）」のアルファベットの頭文字をとってＰＤＣＡといい、それを繰り返すのです。ＰＤＣＡは決して難しくありません。私の今回の計画立案のケースを例に説明しましょう。

▽① **計画（Plan）**

３月までに全８部屋のリフォームを完成させる。そのために、平日は仕事の後に終電まで、休日は基本早朝から終電まで作業を行う。

▽② **実行（Do）**

想定よりも作業が遅れ、作業が完了したのは４月末だった。

▽③ **評価（Check）**

計画自体が最大限に早く作業が進んだ場合の想定となっていたため、想定外の事態によって計画に間に合わせることができなかった。

▽④ **改善（Action）**

今後のリフォーム計画は、８部屋１棟という規模の場合には、１ヵ月程度余裕を見ておくこととする。また、塗装などの実作業は、疲労や材料の追加買い出しなどのため、机上の作業時間よりも30％程度余計に計算しておくこととする。また、予備日を設定し、適度な休息や遅れを挽回する作業日にあてられるようにする。

このように、頭の中だけでも良いので、**一つひとつのことにＰＤＣＡを行うと、次回以降ムダな費用や時間、労力を抑えられます。**スケジュールの途中でＰＤＣＡを行うことができるのなら、より計画通り進みやすくなるでしょう。

◉②　選択と集中のミス

サラリーマンをしながらの不動産投資は、２つの仕事を同時に行うような状態であるため、力を入れることと力を抜くことを分けないと全てのことはできません。私もそうでしたが、不動産投資を始めたばかりの頃はお金がないため、色々なことを自分でがんばろうと思うものです。

しかし、当然のことながら時間は有限です。何かをやろうとすると、その時間に他のことはできません。そのため、自分は「不動産投資家」であり、「不動産オーナー」であることをきちんと認識し、**自分よりも優れている人がいる分野については、その分野のプロの方にお願いするように**しましょう。

時間とお金のバランスをきちんととることが、「不動産投資家」であり、「不動産オーナー」である私たちに、求められていることなのです。

発生頻度
★★★★
影響度
★★

必要以上にリフォームをしてしまった!?

管理 14

事例　ＪＲ駅近くのＲＣマンションを買った時の話です。初めての退去者が出た時に、管理会社と部屋を見に行きました。築21年で１Ｒ×１２部屋。バストイレが一緒で、部屋も16㎡前後と狭く、競合上はかなり不利な物件ですが、そのロケーションに惚れて買った物件です。本格的に投資を始めて日が浅く、退去後の部屋を見るのも初めてでちょっとドキドキでした。

部屋に入ってあまりの傷み加減に愕然！　床のクッションフロアはシミだらけ。跳ね上げ式壁収納ベッドは一見すると、不要な時は跳ね上げて広く部屋を使えそうですが、毎日の上げ下げは面倒なもの。結局、ベッドは下げっぱなしでつくりの安っぽさが目立ち、壊れかかっていました。特に悩んだのはトイレ付きユニットバスでした。黄ばんで汚れも目立ちます。

その後、家族で見に行ったら、嫁からは、汚なっ！　臭っ！　誰が住むの？　と酷評の嵐。しかも管理会社が頼りにならず、リフォームの見積りを依頼したものの、納得のいく見積りが出てきません。結局、自分でリフォーム業者を探す羽目に。管理会社は自分で手配せずに助かったと言わんばかり。やる気あるんか！　と思いました。

リフォーム業者と相談しながら、床のタイル張り、クロスの張替以外にも、浴室のシャワー水栓の交換、壁面のホテル風パネル張りや鏡交換を実施しました。

１Ｒで６万円程度の家賃に、40万円も掛けてリフォームしてしまいました。約７ヵ月分！　ここまではしませんが、今でも少し過剰に修繕してしまいます。なかなか適度な修繕で済ますのが難しいです……。

【解説】

リフォームと言っても「建物全体の修繕」と「室内の改善」の2つがあります。建物のリフォームに関しては躯体の老朽化、防水対策の側面が強く、ここでは建物を除いて説明します。いかに安く入居者に喜ばれる適切なリフォームをするかは、不動産投資の永遠のテーマです。自分が住みたいという自宅目線の水準で考えると、どうしてもリフォームにコストがかさみます。**不動産投資もビジネスの側面がある以上、設定家賃との費用対効果を考える必要があります。**

まず、あなたの投資戦略、運営戦略に合わせてリフォーム戦略を決めましょう。リフォームを原状復帰レベルからリノベーションレベル（大規模リフォーム）までどのレベルにするかです。

「原状復帰」は入居前の状態に戻すことが目的です。クリーニングを中心として、壁紙を張り替えるなど表層的な箇所を直して入居前の状態に戻します。**「リノベーション」**は現状の多くを取り払い新築に近い状態を作り出すことを言います。今の空室時代では原状復帰で済むケースは少なく、オーナーはその選択肢の中からどの程度リフォームを行うかを決める必要があります。

リフォームには、どの程度コストをかけることが適切でしょうか？

標準的には家賃の2～3ヵ月がまずは目安とされます。入居期間が長かったなど、どうしてもそれだけでは客付けが難しいと判断される場合、リフォーム費用は家賃の6ヵ月分を上限と心得ましょう。事例は家賃の約7ヵ月分の費用ですから、やや過剰と言えます。

不動産投資は家賃収益を最大化することが求められるので、修繕費は当然コスト要因となります。平均入居期間を5年間60ヵ月とすると、3ヵ月分のリフォーム代は「3ヵ月÷60ヵ月×100＝5％」となり、5％相当のコストであることがわかります。こういった数字を意識しながら判断するようにしましょう。

一方、リノベーションレベルのリフォームは、**用途や機能を変更して大きく付加価値を付けて物件を魅力的にして、家賃の値上げや入居率の向上を狙う**作戦となります。リフォームのコンセプトを明確にし、デザイン性を追求します。

私たち「ふどうさんぽ」の仲間でも、アパート全体でウッディ調（木感調）を追求したつくりにするなどの例や、アウトドア派を意識したバイクスペースやワークスペースを設けるなどの例があります。女性向けではキティちゃん風やシンデレラのお部屋を再現するなどの例もあります。入居対象者の間口は狭くなりますが、マニアからはとても支持される物件になります。

この手法を取り入れ、都内のマンションをリノベーションし、魅力的な物件に仕立てた上で1500～2000万円で販売する会社もあります。この場合、リフォーム費用と利益が上乗せされていますが、希望する利回りを満たせば検討してもいいでしょう。

予算枠もおおよそ決めたところで次に決めないといけないことは、具体的にどこを直すか、です。アクセントクロスやフロアタイルはもはや常識ですが、レールライトやＩＨコンロ、水回りなど傷み具合に合わせて検討していきます。

意外にコストを左右することとして、誰がリフォームを実施するかは非常に大切です。**安い順に、「自分でやる→分離発注する→一人親方にお願いする→リフォーム会社にお願いする→管理会社に一任する」**となります。最近はセルフリフォームとして趣味を兼ねてオーナー自身がリフォームすることも多いです。リフォーム工事と言っても大工工事、電気工事、水道工事と多岐にわたり、複数の職人が絡むことになります。どの発注方法にするか、予算や時間のゆとりに合わせて選択しましょう。

最後に、リフォームはもちろん重要ですが、客付けの４大要素の中の「物件力」を向上する方法でしかないということに気をつけましょう。４大要素とは「①物件力」「②ソフト力（運営、広告など）」「③ヒューマン力（大家・管理会社の熱意、スキル）」「④競合力」です。

物件のオーナーは、リフォームやＰＯＰなど自分の物件力の向上や改善ばかりに目を奪われがちですが、実は「④競合力」でのマーケティング目線が最も重要です。地域全体の賃貸ニーズの傾向、近隣で供給されている物件の家賃や設備のレベルは自分の物件と比較してどうかなど、**もし物件が現状で十分に差別化できていれば、過剰なリフォームは不要**ということになります。

リフォームをする際には、競合力という入居希望者からのマーケット目線を忘れないようにしましょう。

発生頻度 ★★
影響度 ★★

管理 15

設備を節約したらクレームになってしまった!?

事例 新築アパートを建てた時の話です。建物の設備は最新のものにしました。1Kで部屋の大きさは6帖程度でしたが、バストイレ別、ロフト（5帖）、独立洗面台、浴室内乾燥機、追い焚き機能付き、ウォシュレット、ディンプルキー、コンロ2口などの設備です。これほどの設備でも、入居者からクレームがありました。それはエアコンに対するクレームでした。

物件の部屋の広さは6帖程度でしたが、ロフトが5帖もあり、空間的にはかなり広め。設計をした時に、建設会社から6帖の部屋なら4～5帖用のエアコンでも大丈夫と聞いていたこと、新築の竣工時は何かと物入りのため経費的にも抑えたいとの思いから、結局4～5帖用のエアコンにしていました。

入居以降ずっと何も起きていなかったのですが、8月上旬頃に入居者から連絡があり、クーラーが効かないとクレームが入りました。実際に部屋入れてもらいエアコンの送風口に手を当ててみると、風は涼しい風がでてきます。でも部屋が涼しくありません。エアコン業者に確認したところ、夏の温度が高くなる日中の時間帯では、冷却力の大きなエアコンでないと設定した気温まで下がらないことがある、とのことでした。

入居者は社会人ですが、難関国家資格を取るために勉強部屋として借りてくれていました。そういう背景からこのクレームの後、入居者は退去してしまいました。

そして、賃料を下げて次の方を募集せざるを得なくなりました。きちんと空間に適した出力のエアコンにしなかったことをとても反省しました。

［解説］

この事例の体験から、新築を建てる時には入居者の生活に対して「想像力」を働かせ、細部まで設計する必要があると痛感しました。

もちろんエアコンを実際の部屋の大きさや、空間の大きさに合わせて選ぶということは当たり前ですが、エアコンにかかわらず、**部屋の形や導線、どこに何をおいて生活をしてもらうかをしっかりとイメージすることが必要**です。図面のみで何となく想像できているぐらいの感覚で家を建てると、随所に不具合が生じます。

私の物件ではエアコン以外の、クレームはありませんが、後で見直して間取り上、あまり良くないと思う箇所が他にも見つかりました。

それは、トイレの後の手洗いまでの導線の悪さです。部屋には空間の狭さの関係からタンクのない、タンクレストイレを設けていました。そのため、手を洗う場所がなくトイレの後は独立洗面台まで行く必要があるのですが、独立洗面台はトイレを出て扉をひとつ開けたバスルームの前にありました。つまり手を洗えず少し移動することになるのです。これは想像しただけで煩わしいと感じます。

「家は3回建ててようやく理想の家になる」という言葉もありますが、新築アパートも3回建ててようやく満足のいくアパートが建てられるのかもしれないと思いました。

設備は部屋数が多くなるとかなりの出費につながります。

例えばエアコンの場合は1つ10万円程度としても、10部屋なら100万円かかります。合計するとかなりの金額になるので工夫をして抑える必要があります。

方法としては、**最初の建築の見積り（相見積り時）に建築会社にエアコンも含めて価格交渉すること**です。エアコンなどは意外と見積りに入っていないことが多いので注意が必要です。

または、**プロパンガス会社にエアコンを貸与または支給してもらう**方法があります。

この方法は、ガスの供給を都市ガスではなくプロパンガスとして、プロパンガス会社にお願いする代わりとして、ガス給湯器、ガスコンロ、エアコンなどを貸与または支給してもらう方法です。条件として、一定期間、同一のプロパンガス会社と契約する必要があります。

さらには、**施主が支給する**方法もあります。インターネットで購入する（販売店より安いことが多いです）、もしくは管理をお願いする予定の不動産会社へエアコンの仕入れの依頼をする、それでもダメなら家電量販店へ出向き、自分で交渉するという手法もあります。

工夫次第で、設備の費用を減らす方法が色々あることが、不動産投資のおもしろいところですね。

入居者の
生活への想像力が
大切ね
エアコン
防犯

発生頻度
★★★
影響度
★★★

市場のニーズと設備があっていなかった!?

管理 16

事例 私が不動産と最初に関わりを持った話です。私の父が学生向けの小さなアパートを所有していました。築15年経過して、ようやく国民金融公庫（当時）のローンは完済したものの、老朽化に伴い空室が目立つようになりました。

当時、父は高齢ですでに介護施設に入っていました。運営は、母が代わりにやっていたのですが、何も不動産のことはわからず管理会社任せで、アパートを持っていることが重荷だったようです。

そんな時に母から相談がありました。「アパート、処分しようと思うんだけど、いいかね？」。その時、「待てよ、売却はいつでもできる。一度、管理会社の話を聞いてみよう」、と思ったのです。

近くの私立大学の学生向けで、建築当時（1991年）は4年で入れ替えが発生し、その都度敷金、礼金がもらえる良い物件だったようです。ところが建物が古くなるとともに修繕費の方が高くつくように……。4年毎に修繕が発生して、かえって回転率がアダに。しかもその名前は○○荘！「今どき、荘はないでしょ」って思っていました。

銀行から300万円の融資を受けてリフォームを実施。管理会社の意見も取り入れて、名前もカタカナ名に変え、インターネット使い放題も付け、無事満室に。家賃設定や敷金礼金も市況に合わせて変更しました。今思うと、当たり前の話なんですが、当時は管理会社に任せっぱなしで、それすらもしていなかったのです。私の不動産投資に関わった記念すべきスタートでした。

【解説】

全員ではないですが、地主系オーナーに市場のニーズに無頓着な人が多いように感じます。**対策をせずに放置しておくと、アパートの３〜４割の部屋がすぐに空きになってしまう**大空室時代の現代、時代のトレンドには敏感でありたいものです。

日本の人口が２００８年の12月をピークに減少しているのはご存知の通りです。世帯数については２０１５年にピークを打つと言われていた中、その後の一人暮らしの増加により２０１９年がピークと予想が訂正されていますが、駅近にニーズが集中するなど変化が出てきています。

例えば３〜４割が空室、もしくは全部空室のアパートが売りに出ていたとしましょう。まずやるべきは空室理由の確認です。オーナーが高齢でアパート管理にやる気がない、というのは当然狙い目です。家賃設定や敷金礼金の設定が昔のままで見直しがされていないというのもよくある話です。**家賃相場を調べ、評価家賃で収益をシミュレーションして、採算が合うようなら購入するのもありです。**

相続で不動産に関心のない方が所有した場合もチャンスです。意欲のないオーナーが保有しても、結局は管理会社に丸投げをするだけです。なまじローンがなく固定資産税のみが経費なので、空室に無頓着になります。

アパートという資源を放置してムダにするよりは、やる気のある不動産投資家が取得し、再生して入居者を入れて、資源を活用することが日本経済のためにも良いと思います。

時代のトレンドを見ていないのも問題ですが、トレンドを意識するあまりより多くの設備を付ければいいだろうと、過剰になるのも考え物です。

私たち「ふどうさんぽ」の仲間が見つけた物件の話です。築4年のとある大学にほど近いアパートが売りに出ていました。ロフト、シャンプードレッサー、インターネット、カラードアホン、ケーブルTVと至れりつくせりの1Kです。家賃は7～7・5万円。

近くの不動産屋にヒアリングしたところ、家賃が高すぎることがわかりました。リーマンショックまでは学生でも7万円以上の家賃でニーズはあったようですが、不景気による親の収入の低下で、6万円以下でないと学生は借りられないとか。設備を過剰にした分、その値段では利回りが低くなる惜しい物件でした。

今後の入居者のトレンドを考えた場合、避けては通れないのが外国人と高齢者への対応です。

国策として留学生を増やそうという動きもあり、国際化に対応した外国人向けの住居の提供を求められています。外国人向けと言えば、眉をしかめる方が多いですが、一律に避けるのではなく誠実に対応していくことが求められています。

外国人の滞納については保証会社が対応するようになってきているので、リスクを低減することができます。とはいえ文化の違いも大きく、コミュニケーションが取りづらいのは事実です。ゴミの出し方など日本流のやり方の指導も必要となります。管理会社によっては体制がないということで、外国人を入居対象外としている場合があるので、管理会社に問い合わせてください。

また、高齢者への対応も避けては通れません。特に関東圏では団塊の世代の高齢化に伴い、高齢の一人暮らしは今後も増え続けます。老夫婦が古くなって持て余した戸建てを処分して、利便性が高くコンパクトなアパートやマンションに引っ越す例も増えています。

オーナーとしては高齢者に関して、最も避けたいのは孤独死です。実は、ご存じない方も多いですがすでに相当な件数の孤独死が発生しています。孤独死対応については徐々に業界としての整備が進んでおり、専門業者も多くなっています。見守りサービスなども期待されます。**高齢者が増えることをビジネスチャンスととらえ、サービス付き高齢者住宅を検討する**という考え方もあります。

その他にも、近年の動きとして、シェアハウスの運営やインターネットを利用したAirbnb（エアービーアンドビー）といういわゆる民泊の最新形態も出現しており、この業界も日進月歩です。

不動産投資は物件購入がゴールではありません。購入後もメディアやセミナーなど継続的に学び続けるようにしましょう。メディアでは書籍は当然として、老舗の全国賃貸住宅新聞やオーナーズスタイルなどの雑誌があります。セミナーも数多く開催されていますが、多くは商品の広告宣伝が主目標のため注意が必要ですが、仲間との交流やセミナーは有効です。自分にあった勉強の場をぜひとも確保するようにしましょう。

発生頻度 ★★
影響度 ★★★

建物名がカッコ悪くて入居者が決まらなかった!?

管理 17

事例 オーナーとしての経験を10年以上積み、初めて築古戸建てを購入した時の話です。築37年の物件を350万円で購入し、フルリフォームしました。耐震補強、外壁塗装、クロス張替、キッチン交換、トイレ交換、フローリング、照明全交換など、ほぼ新築です。

駅から距離はあるものの、耐震補強までしたリフォーム内容から、すぐに入居付けできるという勝手な思い込みを持っていました。それまでの不動産投資の経験の中でも、建物名を変えたことはなかったので、この物件も○○戸建てという住所名で募集を始めました。

もし、新築なら建物名も工夫したと思いますし、銘板もつくったかもしれません。たかだか数百万円程度の築古戸建てなんだから、という気持ちがありました。

入居者の募集を始めて、1ヵ月経っても1件も問い合わせがありません。あれだけリフォームしたのに問い合わせがないのは不動産屋にやる気がないからだ！ と決めつけて、ああしてくれ、こうしてくれと不動産屋に注文をつけることばかりに専念。でも、やっぱり問い合わせはありません。家賃を見直しましたが、それでも反応がなく……。

そこでやったのが再度の家賃の値下げと、建物名の変更でした。不動産屋が横文字で呼んでくれます。こそばゆかったんですが、何だか希望が持てそうな気がしてきました。

建物名の変更をキッカケとして、急に物件への問い合わせが増え、ほどなくして入居者が決まりました。値下げの前に名前を変えるべきでした。次はまず建物名の変更から順番にやろうと思います。

［解説］

物件のバリューアップには大きく2種類があります。「募集時の一時的バリューアップ」と「継続的なバリューアップ」（テナントリテンション）です。

ここでは継続的なものを考えてみましょう。賃貸物件のバリューアップする対象は、「①ハードウェア」「②ソフトウェア」「③ヒューマンウェア」の3つがあります。

◉①　ハードウェア…物理的価値を高めます。費用を伴います。

▽**リフォーム**：補修度合いにより、原状回復、リフォーム、イノベーションに分かれる。

▽**インターネット**：使い放題サービス付き。最近は採用している物件も増えてきた。

▽**宅配ロッカー**：入居者の利便性は上がるが、宅配側の時間指定なども向上しており、以前ほどの効果は薄れつつある。

▽**カメラ付ドアホン**：特に女性には防犯上からも好まれる。

▽**トランクルーム**：一定のニーズはあるが、建物として登記上の登録が必要とされる場合があるので注意。

▽**コインランドリー**：収益にも繋がるが、設置コストも大きい。

▽**自動販売機**：消費税還付が難しくなったので、以前ほどの魅力はなくなってきた。

それぞれ単発で検討するのではなく、**トータルコンセプトを決めて、バランスよく推進したい**ところです。

◉② ソフトウェア…主として環境面の改善でバリューアップします。比較的ローコストで実現が可能です。

▽**清掃、清潔さ**：基本中の基本。多少古くても清潔感さえあれば問題ない。

▽**掲示板**：掲示板の維持管理。古びた破れかけのビラが貼ってあるなどは印象が悪い。

▽**花、植木**：手入れは大変だが、見た目がぐんと華やぐ。

▽**ディスプレイ**：フロアを飾るなど。マンションの階ごとにテーマを持たせた美術館風にする、というアイデアを実行している「ふどうさんぽ」の仲間もいる。

▽**ネーミング**：これが事例のケースで、とても重要。ふどうさんぽの仲間の他の事例でも、「○○荘」を国道が近かったので「ルート8」という名前に変えたら、入居者が決まったという例もある。

今どき「荘」はないでしょうが、コーポ、メゾン、ハイツなども、もう古くなってきています。ちなみにネットでマンションを検索してみると、○○パークハイツ、レジデンス○○、○○アベニュー、リリーゼ、アーデル、ヴェレーナとお洒落な？　横文字が並びます。新しくつける時はイタリア語、フランス語あたりから語感で選ぶのがいいようです。

意外に知られていませんが、**中古でも建物名は変えられます。郵便局への連絡、自治体への登録などが必要な場合がありますが思ったより簡単**です。注意点としては入居者への案内で、知人などへ連絡してもらう必要があります。郵便局の旧住所での配達は、原則1年程度なので年賀状シーズン前に早めにアナウンスしてしまいましょう。

◉③　ヒューマンウェア…**人的対応力の部分。顧客満足度において重要です。**

▽面談：何と言っても顔が見えることが重要。

▽コミュニケーション：電話、メールなどを使っての情報交換。今後はＷｅｂサイトの活用やＳＮＳと言ったものが重要性を増すかもしれない。

これ以外にもバリューアップの手法は数多くありますが、**女性の感性を活かすとうまくいく**ようです。このあたりが、不動産投資の管理面は女性向きと言われるゆえんです。女性向けに内装も含めて工夫したのに、入居するのは男性ばかりという話もよく聞きます。**女性が納得できるものは男性にもウケる**ということのようです。

夫婦で不動産投資をしている方は奥様の意見を尊重するなど、女性目線をぜひとも物件に取り入れてみてください。きっと今よりも物件の価値が高まることでしょう。

発生頻度
★★
影響度
★★★

プロパンガス会社に契約内容を変更されてしまった!?

管理 18

事例 ある所有アパートで、以前のオーナーが契約したままのプロパンガス会社との契約を継続して利用していました。

ある時、別のプロパンガス会社から、「エアコンの10年間フリーメンテナンス」など非常に充実したサービスを提案され、思い切って会社を替えることにしました。ガス料金は以前のままでしたし、建物の維持コストが削減できると非常に満足していました。

その後、サービス開始の翌月に入居者から「エアコンが壊れた」と連絡をもらいました。早速、プロパンガス会社切り替えの効果を実感する機会が訪れ、プロパンガス会社の担当者の携帯に電話しましたが、繋がりません。そこで、会社に電話すると担当者は前週に退職したとのことでした。特に引き継ぎ担当者はいないということで、社長に取り次いでもらいました。そして、エアコンの修理及び新品交換のお願いをしました。

すると、「そんな話は聞いていないし、そんなサービスは提供できない」との驚愕の返答が！同時に、私は「マズイ」と思いました。実は、担当者からは、「とりあえず会社を切り替えてサービスを開始しましょう。追って契約書を締結すれば大丈夫です」と言われ、メールでサービス内容記述の履歴があったこともあり、「まあ、いいか」と、先にガス提供を開始していたのです。

最終的に、今回のみエアコンサービスを対応してもらい、今後はガス提供や給湯器メンテナンス以外の付加価値にあたるサービスはなしとなりました。その代わり、契約期間の縛りをなくしてもらいました。その後、別のプロパンガス会社へ切り替え、ことなきを得ました。

【解説】

今回の事例では、**先にサービス提供を開始し、契約を交わしていなかったことが一番の問題点**と言えます。不動産投資をしていると、数多くの契約事や承諾事などが存在します。

売買契約、金銭消費貸借契約、賃貸借契約（新規＆更新）、賃貸管理契約、不動産登記委任状、火災保険加入契約、滞納保証契約、プロパンガス提供契約、自動販売機設置契約、私道利用許可承諾など、挙げるとキリがないほどです。

契約書となると、何十行にもわたり細かな字で記載されており、見ているだけで、眠くなってしまうようなものも少なくありません。また、承諾書なども、本当にこの内容で良いのだろうかと、自信を持てなくなる時もあるかと思います。

「契約書・承諾書への対処法（向き合い方）」を①～④にまとめました。参考にしてください。

◉① 大原則として、全て一語一句見逃さず読む

初めは法律用語のため、少し難しく思えるかもしれませんが、**契約書全体をざっとでいいので読み終えると、契約書に記載されていることの全体概要がわかります。**一度のざっと読みで全体概要がつかめなかった時は、複数回ざっと読みをすることで理解が深まると思います。

また、不動産の売買契約などこれから何度も契約するものは、契約の回数を重ねることで次第に慣れていきます。条文の文言が異なっていても、同様のことを記載していることがわかるよう

になります。

◉② 意味の理解できない部分は、遠慮なく質問する

契約書の作成者、例えば、不動産屋、管理会社などへ確認します。「聞くのが恥ずかしい」などとは決して考えないこと。宅建免許を持っている営業担当でも、不動産業をしていて日々わからないことがたくさんあるとのことです。

◉③ 「②」でも理解できない場合は、同業他社の人に質問する

契約書を作成した担当者の説明能力不足や知識不足があった場合、こちらの質問にそもそも回答できず、はぐらかすことはよくあります。そんな時は、それ以上同じ担当者に質問してもそれ以上の回答はもらえません。そこで、同業他社の他の専門家に相談しましょう。要はセカンドオピニオンの考え方になります。

ただし、不動産投資家などその分野を実践している人（実践者）に質問する際には少し注意が必要です。基本的に**実践者の知識や経験は少なからず偏っています。また実践者の中には、自身の成功体験や自慢をしたいという目線で相談に乗る方がいる**ことも確かです。対策としては、一人の実践者の意見を鵜呑みにしすぎず、複数の実践者に相談することが望ましいです。

◉④ 最後は、法律の専門家に相談する

その道の専門家である、弁護士、税理士、司法書士などに相談することが最終手段です。相談するためには相談料がかかりますが、1時間1万円程度以上で相談が可能です。その他、日頃から特定の**不動産業者の担当者と、お客という関係以上に仲良くなっていれば、全くの別の案件だとしても、その担当者に親身に相談に乗ってもらえる**こともあります。

このように、契約書や承諾書もある種トレーニングをすることで、慣れてきますし、理解できるようになります。

実際、私は不動産投資を始めた頃から相談できる人をつくるように心がけてきました。そして今現在は、不動産屋の社長や担当者など3人の信頼のおける人がいます。彼らには、彼らの取り扱っていない全く別の物件でもよく相談に乗ってもらっています。

ぜひとも、皆さんも信頼できる相談相手を見つけてください。きっと不動産投資がおもしろくなると思います。

発生頻度
★★★
影響度
★★★★

RCのランニングコストが想定外に高額だった!?

管理 19

事例 私が不動産投資で最初に検討したのは中古区分マンションでしたが、購入するまでの労力がかかるわりに手残りが少ない、という結論に。すぐにアパートやマンションなどの1棟ものに投資対象を変えました。

木造の中古アパートを中心に探したのですが、3000～4000万円クラスの手頃の価格のものは現金買いで買われてしまい、ライバルと戦うことさえできません。そこで価格帯を1億円前後まで上げました。

すると鉄骨やRCの物件が対象となり、競合も減りました。そこで出会ったのが、1億円のRCマンション7階建てEV付き、築25年の物件。損益シミュレーション上は、家賃収入100万円、ローン返済50万円、管理費を15%と見て15万円。差し引き月額35万円残ります！

当時はとにかく物件を買いたい、いかに融資を通してもらうか、という気持ちばかりが強すぎて、購入後のシミュレーションをそんなに精緻にしていませんでした。

まず忘れていたのは固定資産税！ 購入時の精算表に記載があるので、見てるはずなんですが支払うという実感がありませんでした。購入後しばらくして自宅に届いた税金の納付書の100万円という金額を見てビックリしました。もう一つの大きい支出がエレベーターの保守点検費用。毎月、ほぼ管理費に近い費用がかかってきます。

RCはお金がかかるとは聞いていましたが、やはり体感すると全然違います。色々なことの金額の桁がとても大きいです。収支はプラスですが、今でも時々ドキドキします。

［解説］

この事例を通して建物構造が投資戦略に与える影響を見てみましょう。不動産投資における「ＲＣ造」（鉄筋コンクリート造）「鉄骨造（Ｓ造）」「木造」の特徴を説明します。

◉財務特性

建物の構造の違いは、まず法定耐用年数の違いになり、減価償却の期間の長さの違いとして表れます。概要として説明しますと、**「木造」**は減価償却期間22年（新築を１００％価値として年平均４・５％の償却）、**「ＲＣ造」**は減価償却期間47年（年平均２・１％の償却）、**「鉄骨造（Ｓ造）」**は木造とＲＣ造の中間のイメージになります（鉄骨造は鉄骨の厚みにより減価償却期間が細かく分類されています）。

そのため、ここから先は木造とＲＣ造の違いに絞って対比して説明していきます。

年平均償却率は、ＲＣ造より木造の方が２・１４倍償却スピードが早いことになります（４・５÷２・１）。この違いが融資期間のとり易さや、キャッシュフロー（ＣＦ）の違いとなって表れます。実際の建物の使用可能期間は木造でも最低でも30年は見込むことができ、修繕の仕方によってもっと築年数が古くても建物の活用は可能です。ＲＣ造は、日本国内にそこまで古い建物が少なく、定説はありませんが60年は持つと言われます（修繕状況により大きく寿命は異なります）。

中古物件の「法定耐用年数」は次ページの式で表されます。

法定耐用年数＝（耐用年数－経過年数）＋（経過年数×20％）

▽例　木造の築10年の建物の場合

（22年－10年）＋（10年×20％）＝14年　となり、購入後は建物価格を14年かけて償却していくことになる。平均償却率は7・1％で（100％÷14年）、新築よりも償却スピードが早い。

法定耐用年数と実際の使用可能期間の差が、いわば歪みであり不動産投資のキャッシュフローの源泉です。よくよく考えてみれば、法律で耐用年数を一律に決めるのもおかしな話です。海外にはそもそも減価償却という考え方がない国もあります。その場合は、老朽度合いを判定する不動産鑑定が発達しているようです。

例えば、エンパイヤステートビルは築後80年ですが、十分現役です。日本の制度も歴史上の成立理由はあるのでしょう。多少不合理でも、ある以上はうまく活用しなければもったいないです。

◉収益特性

財務特性が収益特性にも反映しています。RC造の場合は法定耐用年数が長いため、中古物件でも融資が組みやすく、安定的にキャッシュフローを生み出すという特長があります。容積率が許せば高層建築が可能で、戸数を多く取れればリターンも高くなります。木造では構造上３階が限度です（特殊な木造４階建ても存在します）。

木造の中古物件では購入時に法定耐用年数の残期間がないことが多く、最短の４年という場合も多いです。この場合、キャッシュフローの源泉である減価償却期間が４年しかないことになり、平均償却率は何と25％です。木造の場合は償却後は表面上の事業利益が跳ね上がり、税金対策に追われることになります。

◉費用特性

収益性の違いは購入前でも計算することはできますが、費用面は購入後に気がつく部分が多く、うっかりする方も多いようです。今回の事例でもここが抜けていました。

ＲＣ造は木造に比べて維持コストが高く、内容としては修繕コスト、固定資産税などがあります。また、設備関係も多いため、日々の修繕費用も意外と発生します。ポンプが故障しても１００万円単位の出費となります。さらにエレベーター、立体駐車場などがあれば毎月の保守点検費用も必要です。本来は急な出費に備え、修繕費用相当分を積み立てておくのが理想でしょう。

その他、毎年ではないですが、大規模修繕では本格的な足場組みが必要で、コストアップの要因です。エレベーターや立体駐車場なども老朽化による交換ともなれば、相当な費用となります。

出口戦略としての解体費用の違いも戦略に影響を与えます。木造古屋付き土地の場合、解体して更地にして活用する手法はよくありますが、ＲＣ造では解体費用がとても高額です。

総合すると**「木造」は築年数が経過すると融資が付きにくいですが取得できれば経費が少なく、「ＲＣ造」は融資が付きやすいですが小回りが利かずコストに注意**、と言えます。どちらが良い悪いではなく、それぞれの特徴を踏まえた使い分けが必要ということです。

修繕費用
固定資産税
保守点検費用
RCは
結構お金が
かかるな〜〜

発生頻度
★
影響度
★★★★

管理
20

部屋の中で孤独死が発生してしまった!?

事例 入居者で60代の一人暮らしの男性がいました。購入前からの入居で、20年以上前から住んでいます。たまに家賃を滞納することがあり、管理会社の担当者からも時々コンタクトをしてもらっていました。

春先にいつもの滞納のやり取りがあり、その3週間後の夜に管理会社から電話が…。「○○号室の△△さんが、亡くなられました。今、警察が来ており、現場検証しています」。

誰にも看取られずに亡くなった場合には、原則、室内に警察が入る、ということをこの時、初めて知りました。事件性はなく自然死、という報告でした。となるとその後は、遺品の整理や部屋のリフォームです。

20年以上前の賃貸借契約書に書かれていた連帯保証人とは連絡がつきません。ようやく兄弟が北海道にいるということが判明し、その後の遺品整理や清算の手続きしてもらいました。

原状回復工事や賃料補償分も含め、全ての費用を遺族に請求するケースもあるようですが、遠隔地に住んでいて特に親しくしていたわけでもないということで全額は忍びなく、最終的には私と遺族で折半という形で落ち着きました。

処理は大変だったのですが、実際には管理会社に、ほぼ全部対応してもらったというのが実態です。結局、遺族とも直接話すこともありませんでした。管理会社がしっかりしていると本当にありがたいです。

でも、この一件以降、テレビの住宅での事故のニュースに敏感になりました。

［解説］

残念ながら物件内で入居者が不幸にして亡くなることもあります。高齢者だけではなく、心筋梗塞、脳卒中など若い方にも起きる可能性があります。厳密ではありませんが、確率的には0・2〜0・3％程度と言われています。**100室保有の方で、5年に一度遭遇する**感じでしょうか。

管理会社は口にはしませんが、世の中で孤独死はかなりの件数で発生しています。高齢者の一人暮らしも増えており、遭遇率は近年上昇の一途です。

ここで事故対応の手順を説明します。

発見と同時にまずは警察へ連絡してください。今回の事例にもありますが、看取られない死亡案件は警察の管轄事項となります。検死などの警察関連の一連の手続きが終われば、その後は次の3ステップの対応となります。

▽①　残置物処理

賃貸借契約は入居者（借主）の死亡では終了せず、法的には相続人に引き継がれます。相続人に連絡がとれれば、**「賃貸借契約の合意解約」**と**「残置物の処分」**を交渉します。相続人（連帯保証人）などに連絡がとれない場合は大変です。法的には勝手な処分はできません。

また、相続人に連絡がとれても**相続放棄**になる例もあります。その場合でも、合意解約と残置物処分に関する書類は必要です。後々のトラブルにならないためにも、状況に応じて、管理会社経由で専門家に相談しましょう。

▽② 室内の修繕対応

修繕は発見時の状況によって、汚れや臭いが問題となります。大幅なリフォームになることも多く、頭の痛い問題です。事例では和室中心の3DKと間取りが古かったこともあり、1LDKにリフォームしました。

修繕費は法的には連帯保証人や相続人に対して請求が可能ですが、相手側からすると法外な請求と映る場合もあって、トラブルにならないように細心の注意が必要です。**判例を見てもどちらが負担すべきか判断はバラバラ**です。節度ある交渉を心掛けたいものです。

▽③ 新規募集

新規募集においては新しい家賃設定と死亡事故の**「告知義務」**が問題となります。一般的に**事故死、自殺は告知が必要とされ、自然死で特に建物に汚れなどもない場合は不要**とされています。ただし、こういった心理的瑕疵は人によって感じ方が大きく異なるので注意してください。告知する場合は「重要事項」として説明します。

一般的には5～6年、事故以後2回目の入れ替えまでが義務期間なのではないかと言われています。ただこの部分でも判例で6年以上前の自殺を瑕疵と認めたケースもあり、結局のところ

「告知義務の有無は、個別具体的な事情を総合的に考慮して判断する」とされています。都市部に比べ、山間部では事故に対する風化が遅く、長期間にわたり必要期間とみなされるようです。全国の不動産協会は安全を見て、10年を推奨しています。

最後にいくつか防止方法（早期発見方法）も考えてみましょう。

◇❶ 保証人、連絡先の確保

更新時に「保証人」が連絡可能かどうか再確認しましょう。高齢者なら緊急連絡先として、複数の親戚の住所・氏名・電話・続柄を教えてもらいましょう。**緊急連絡先がない場合は、本人から委任状をもらい、戸籍謄本を入手し、親族などを調べておく**必要があるかもしれません。

◇❷ 自治体への連絡

市町村によって異なりますが、一人暮らしの増加を受け、**「高齢者一人暮らし登録制度」**などを設けている自治体もあります。定期的な民生委員とのコンタクトなど、様々な特典があるので自治体に確認しておくと良いでしょう。

◇❸ 各種見回りサービス、保険の活用

まだまだ発展途上のサービスが多いですが、**高齢者向けの見回りサービス**などが出てきています。まだ費用が高く採用が難しいですが、遠隔地の親族と連絡がとれている場合は負担をお願いできる場合もあるかもしれません。保険についてもこういった場合の**「残置物処理費用」などを負担するような保険**も出てきているので、継続的に確認しましょう。

高齢化の進む今、私たちオーナー側も、孤独死をリスクとして、きちんと認識および対応できるような覚悟と事前準備が求められているのかもしれません。

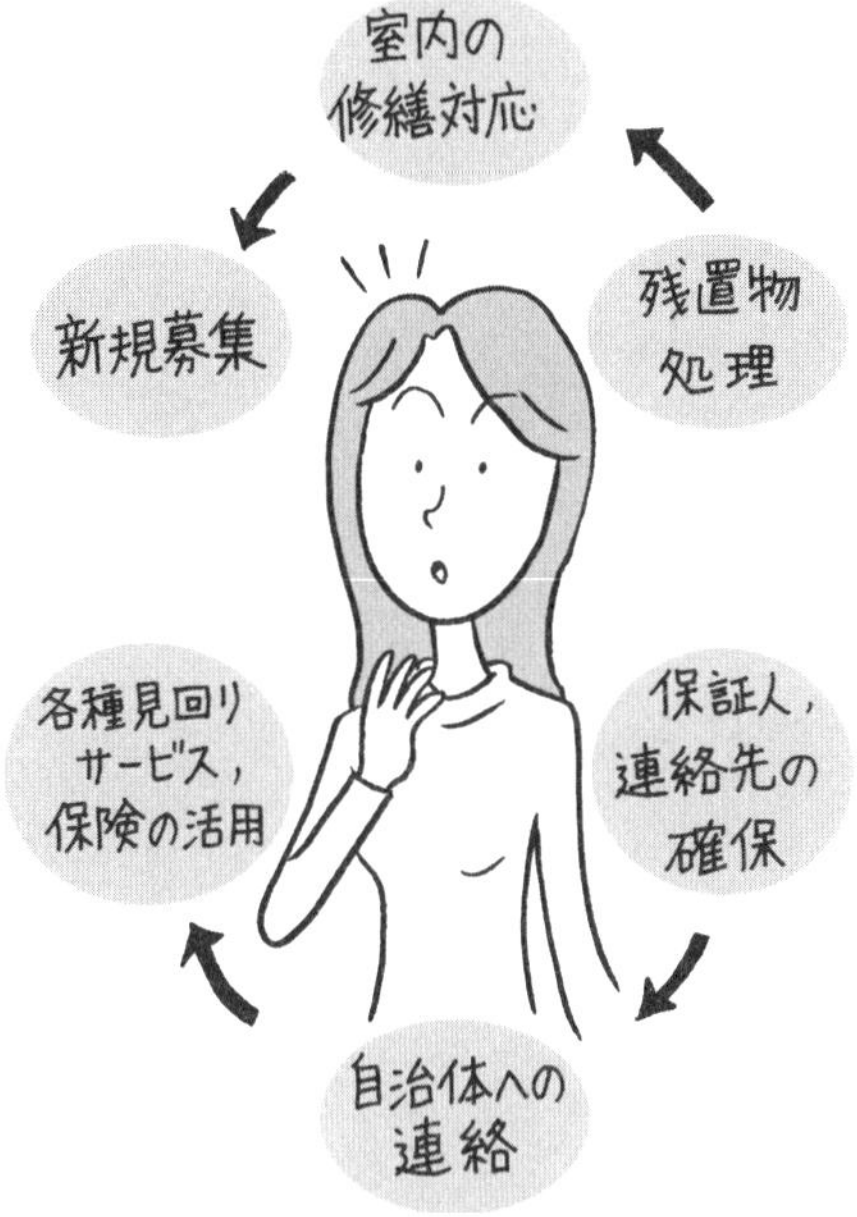
室内の
修繕対応
残置物
処理
保証人，
連絡先の
確保
自治体への
連絡
各種見回り
サービス，
保険の活用
新規募集

発生頻度
★
影響度
★★

ノリと勢いで売却をスタートしてしまった!?

売却 1

事例 物件購入のため、地方銀行に融資の相談をしていた時、私の自宅からやや離れたところにある所有物件の話題となりました。どうやら所有物件が遠方のため物件収益が評価しにくく、その物件の売却を希望している口ぶりでした。

購入検討中の物件がどうしても欲しかったこともあり、わたしは銀行に二つ返事で売却する旨伝えました。今思うと、初めての売却でもあり、ちょっと売却というものをやってみたかったんですね。買う時にいつも苦労しているので、売る側だから楽勝だろうとタカをくっていました。

売却することだけを決め、正式に不動産屋に依頼する段になって初めて何も考えていなかったことに気づきました。不動産屋からは、「いつまでにいくらで売りたいのか」「どんな買主に売りたいのか」「購入希望者に使ってもらいたい融資はどんな種類のものか」「物件の何をアピールしたいのか」など、色々な質問を受けましたが、何も答えられませんでした。しいて挙げれば、なるべく早く、高い値段で、という、回答にもなっていないことだけを伝えました。

とりあえず、スピードを重視して売り出すことにしましたが、価格や売却対象も曖昧なまま進めてしまったため、価格も早期に2回も下げることになりました。物件動向を観察していた不動産投資家からさらに指値（買主が指定する価格）を受ける始末です。

結局、自分の知り合いに当初価格の7割以下で売ることになってしまいました。市況の関係から一応売却益は出ましたが、何も考えずにことに臨んでもいい結果は出ないなぁ、と当たり前のことを思い知らされました。

【解説】

今回の事例では売却目的の重要性について考えてみましょう。売却しようと思った時、その動機はどんなものがあるでしょうか。

▽**資金が必要である**…何らかの理由で資金を必要としている場合。切迫度合いが問題。

▽**返済比率（財務）の改善**…財務の安全性を高めるため、債務残高を圧縮する。

▽**エリア戦略や分散目的**…戦略的に保有物件の所在地を集中させる、または戦略的に保有物件の所在地を分散させる。

▽**物件の戦略的入替（ポートフォリオの改善）**…財務の安全性を高めるため、物件タイプや構造種別を改善していく（その他に逆に売却しない、持ち続けるという戦略もある）。

これら売却動機に合わせて、本来は売却プロセスや売却時期、タイミングを計る必要があります。ですが、事例ではどうやらこの点がスッポリ抜け落ちていたようです。

不動産投資家のステージアップにもこの売却戦略は関係してきます。

◇❶ **資産形成期**…スピード重視、リスクオンで資産を増やす。利回り重視、CF（キャッシュフロー）重視の時期。ここは売却より購入のステージ。

◇❷ **安定運転期**…BS（バランスシート）の改善を図る時期。純資産比率に気を配りながら資産を拡大。一部売却に着手。金融機関も高金利のところから低金利のところへシフト。

◇❸ **安全運転期**…物件の資産性、安全性を重視して入れ替え。資産増大より品質の向上。

つまり、投資家の成長ステージに合わせ、戦略的に売却を行います。**「安定運転期」「安全運転期」に売却を活用する**わけです。

次に「売却する物件」についてを考えてみましょう。

まずは、ワンルームとファミリー物件を比較します。

ワンルームの方が面積当たりの家賃単価が高く、収益性は高くなります。ただし、ワンルームでは就業形態が不安定な人も多く、滞納などのリスクにもつながりやすくなります。入居期間も比較的短く、リフォームが頻繁に必要になります。つまり、ワンルームの方が利回りは高いもののビジネスリスク、運営リスクが高い傾向があるということです。

築古と築浅でも同じことが言えます。築古の方が、売価が安いため利回りは高いですが、思わぬ修繕費の発生などリスクは高くなります。

立地についても同様のことがあります。駅近は人気がありますが、その分、売価にも反映されているため高価になります。ロケーションが悪ければ人気は落ちますが、新築のデザイナーズなどで付加価値を付け、満室経営で利回りを狙います。新築プレミアムが切れた時の家賃の下落幅の大きさがリスクというわけです。

「安全運転期」になればなるほど、資産の入れ替えで資産品質を上げることが推奨されます。同じ5000万円のアパートでも千葉の京成線のアパートより、都心のターミナル駅の方が値下がりリスクは少なく、安全性が高いわけです。同じ純資産額でも人口40万の地方都市のアパートより横浜のアパートの方が評価が高くなるという理屈です。

資産が十分に形成されれば、「相続税対策、資産評価額圧縮」が必要となります。この時期は湾岸エリアのタワーマンションという選択肢もあります（資産形成期にはタワーマンションは買わない方がいい）。自分の投資家ステージを認識した上で売却動機に合わせ戦略を練りましょう。

「売却する物件の種類」によって、買主の購入方法が異なります。戸建てや区分マンションなら現金買いが可能かもしれません。一棟ものは融資付けのしやすさをしっかりと見据える必要があります。融資が通りにくそうなら、利回りを高くして（値下げして）売る必要があるかもしれません。特に築古や違法物件などは、現金で購入する人向けに安く卸ろさないと売れなくなることがあります。多少コストは掛かりますが、更地にして売却した方がいいこともあるでしょう。

何にせよ物件を売却する際には行き当たりばったりではダメで、ちゃんとした戦略が必要です。

発生頻度 ★★
影響度 ★★★

売却 2

不動産屋さんが物件を売りに出していなかった!?

事例 これは私が不動産屋で働いていた時のことです。あまり大きな声では言えませんが、不動産を売却しようとする場合、一般の方は不動産屋に売却を依頼します。つまり、販売活動は不動産屋にゆだねられるわけですが、その肝心の不動産屋が販売活動を行っていないという驚くようなことがあるのです。

販売活動をしない理由は大きく2つのパターンがあります。

1つ目は、販売活動を行わずに売れない状況をわざとつくり出し、依頼主に売価の問題だと報告して、売却価格を下げさせた上で、自社または関連の不動産屋に安価で購入させるというパターンです。

2つ目は、他社の仲介によるいわゆる片手案件になることを防ぎ、自社で買主を紹介できるようになるまで他社への売却活動を行わないというパターンです。これは近年話題になっている、いわゆる「囲い込み」というものになります。

手数料は売主、買主からそれぞれ定められた料率で払われます。他社の不動産屋が絡まないと両方からの手数料となるので、利益が倍になるわけです。買主も自分で見つけてこようという動機付けが働くわけです。

私はこんな不動産業界の裏側を見てきました。大手でも似たような話はたくさんあります。不動産屋との信頼関係は重要ですが、望んだような販売活動がされるために、適度な緊張関係は必要です。

【解説】

今回の事例の理解のためにも、不動産屋の手数料について理解しましょう。

不動産売買の仲介手数料は売買価格によって法律で上限が定められています。

▽売買価格が200万円以下の部分＝５％

▽売買価格が200万円超400万円以下の部分＝４％

▽売買価格が400万円超の部分＝３％

例えば、1000万円の物件を売買した時にはそれぞれの料率部分を別々に計算して、合算する必要があります。200万円×５％＝10万円、（400万円－200万円）×４％＝８万円、（1000万円－400万円）×３％＝18万円、３つの合計10万円＋８万円＋18万円＝36万円となります（さらに仲介手数料に消費税がかかります）。

または、売買価格が400万円超の場合は、速算式として「（物件金額×３％）＋６万円」で計算できます。ちなみに売買価格に建物の消費税が含まれる場合は、消費税抜きの建物価格が仲介手数料の対象となるので注意しましょう。

ここで、事例にあった「片手案件」「両手案件」を考えてみます。

他社の仲介による片手案件の場合、先ほどの例では買主は36万円の手数料を買主側の不動産屋に払います。売主も同様に売主側の不動産屋に36万円を払います。もし売主側の不動産屋が自分で買主も見つけられれば、両方から36万円ずつ入り、片手の2倍の72万円の手数料がもらえます。片手の2倍の利益である両手は実に魅力的です。

昨今、雑誌の記事を発端として話題となっている問題に、不動産屋の物件の囲い込み**「自社利益のみを考え、物件を囲い込むことによるお客様への背信行為」**があります。

この問題に会社の規模は関係ないと言われていますが、地元の小さな会社よりも誰でも知っている大きな会社ほどその傾向は強いという説もあります。大きな会社の方が顧客との関係性が薄くサラリーマン化が進み、過大なノルマで喘いでいるとも言われています。

ちなみに、不動産屋の売却時の手順は、一般的には次のようなプロセスとなります。

◇① 自社で買主を探す

不動産は、売主が不動産を売りたいと言って初めて、不動産市場に売りものが出ることになります。不動産市場においてその売りものを取り扱うのが売主側の不動産屋です。そのため、売主側の不動産屋はこのまま物件が売れれば、両手でも片手でも仲介手数料は入ってきます。ですが、できれば両手が手数料2倍であるのが好ましいため、まずは自社で買主を探します。

◇② 探しきれない場合に、レインズで業者間に情報公開する

売主側の不動産屋が自社で一定期間内に買主を見つけられなければ、レインズへの登録義務があるため、レインズに登録します。レインズで他の不動産屋が物件情報を確認し、買主を探します。こちらが買主側の不動産屋になります。

◇③　投資家専用サイトや一般向けサイトで情報公開する

レインズに登録しても買主が見つからない場合、サイトによって不動産業界以外に情報を公開します。サイトを通じての情報公開はいわゆる宣伝広告となり使用料などがかかることが多いです。そのため、費用をかけない「①②」で買主を見つけて売買契約を成立させたいという考え方が一般的です。

今回の事例のプロセスと標準のプロセスとの違いは、売主に説明の上、許可をもらっているかです。売主が納得の上、不動産屋が自社で希望者を探すのは問題ありません。

事例では自社での客付け努力しかしていないにもかかわらず、情報公開しているかのごとく偽っています。チェック方法として**報告書を要求するとか、サイトで物件が具体的にどう表示されているのかを確認**してみることをお勧めします。

不動産屋とオーナーは信頼関係を築くのはもちろん重要ですが、なれ合い、甘えにならない適度な緊張感が必要です。たまに牽制するためにも、オーナー側にそれ相応の知識が必要です。

発生頻度
★★★
影響度
★★★★

売却価格を頻繁に変更したら、安くしか売れなかった!?

売却
3

事例 投資暦は浅いものの、数多くの不動産屋にコンタクトしてきた結果、情報力の強い不動産屋と知り合えた私は、当時良い物件を立て続けに購入できていました。その不動産屋は相続案件などの非公開物件を安く発掘してきてくれるため、ライバルの少ない状態で物件を吟味できます。これまでの恩返しも兼ねて、売却の時もその不動産屋に売却の仲介を依頼しました。

依頼してみると、値付けや売却情報を出すところに関するアドバイスが何だかピンときません。ですが、「あれだけの仕入れパイプを持っているし、売る時もさぞかし凄いんだろう」と期待していました。

売却情報を投資家向けのルートから出していったのですが、反応が良かったのは最初だけで、すぐに価格動向を見守られるようになってしまいました。売る側と買う側の我慢比べとなり、耐え切れなくなった私が価格を下げて反応を見るというサイクルの繰り返しです。結果的に当初の売り出しより1000万円以上値下げすることになってしまいました。

売却の成約後にわかったことなのですが、この不動産屋は売却の経験がほとんどなかったとのことでした。売主の心理や買主からの指値の対応などに不慣れだったため、売主である私と一緒になって焦ってしまったようです。購入に強かったため、勝手に売却にも力を持った不動産屋だと思っていたのですが、結論としては、当てが外れました。

購入と売却が全く違うものなのだということをこの時初めて知りました。不動産屋もそれぞれに専門や得意な領域があるんですね。いい勉強になりました。

［解説］

売却時の戦略（出口戦略）の立て方について考えてみましょう。

戦略の立て方として、次の「①売却理由」「②売却の目標金額」「③売却時期」「④売却先」「⑤売却業者」を順に決めていきましょう。

◉①　売却理由：なぜ売りたいのか

不動産投資で一番苦労する物件の「購入」、物件の空室に入居者を募集したり、入居者のクレーム対応や物件の整備をする「募集・管理」をした後に行うのが、「売却」になります。これまで手塩にかけてきた物件を売却するには、当然、理由があるはずです。その売却の理由をきちんと明確にしておきましょう。

売却の理由が明確になっていないと、不動産屋や買主から色々と言われた時に軸を失ってぶれてしまいます。今一度、**「なぜこの物件を売却するのか？」を自分に問いかけ、ノートや紙などにその理由を明記**しておくぐらいの覚悟を決めましょう。

◉②　売却の目標金額：いくらで売りたいのか

不動産投資はもちろん投資ですので、他の投資（株やFXなど）と同様に売却して利益確定となります。極端な話、物件を購入して、家賃収入が合計1000万円で儲かったと思ったのに、売却損が1500万円だとしたら、家賃収入1000万円－売却損1500万円＝赤字500万円、となり全然儲からなかったということになります。そのため、売却の目標金額はきちんとプラスにすることが求められます。

また、**売却価格の価格決定は利益確定からの逆算だけでは不十分です。売却対象の物件はどれぐらいの市場価値があるのか確認する必要があります。**いわゆる相場でいくらになるのかを確認しないと、売却価格が絵に描いた餅になってしまうこともあるからです。

近隣の表面利回りの相場が何％なのかを確認しましょう。相場の利回りより低い利回り（他の物件より高い金額）で売却するには、自分の物件の築年数が新しい、建物がカッコイイなど何かしらのプラスとなる点がないと難しいです。また、売却対象の物件が一般のマイホーム用であれば建物の築年数、部屋の間取り、居室面積の合計、駅からの距離、土地面積などが同様の物件の売り出し価格や過去の売買成約価格などを参考にしましょう。

◉③　売却時期：いつまでに売りたいのか

売却理由に合わせて現金化したい時期があるはずなので、**売却時期に合わせて売却スケジュールを考えましょう。**特別な経済的理由がない場合は、次に紹介する時期が、物件の売却検討の目安となります。

▽購入後5年経過時

譲渡所得税が短期から長期に変わるタイミングです。短期譲渡は税金が高く、よほど市況が良い時でない限りマイナスになります。注意点として購入後5年経過とは丸5年ではなく、翌年の1月1日以降を指します。購入日からの5年後ではないことに気をつけましょう。

▽デッドクロス経過時

「減価償却費＜元本返済額」になったタイミング。これ以降は資金繰りの条件が悪化します。

▽耐用年数残15年時点

これは購入者の目線で見て、法廷耐用年数が15年を切ると完済が難しく融資を組みにくいことから、融資が付きにくくなる前に売ってしまいましょう、ということです。ただし、木造の場合は法廷耐用年数がそもそも22年なのであまり適用できません。

▽耐用年数終了時

法廷耐用年数が切れた場合、減価償却の経費参入がなくなるので、一挙に利益が上がり、その分税金も上がります。法人活用などを考慮しないとこれ以降は税金倒れになってしまいます。

▽ローン終了時

晴れてローンが終了したタイミングです。安全と言えば安全ですが、一般的には建物の老朽化も進んでいるので、継続保有するのか建て替えるのか検討する時期とも言えます。ローンが終了したということは利息の支払がなくなったということですから、それ以降は年間の所得税が高くなります。

◉④ 売却先：誰に売りたいのか

売却時の売却理由と目標金額が明確になっているのなら、その金額に合わせ、売却先を定めます。売却先の種類と特徴を説明します。

◇不動産屋

スピード重視で、まずは検討すべき対象です。ただし、彼らは基本的に転売を目的としているので、売価は低くなってしまいます。まずは非公開で不動産屋の人脈で希望者を探します。なかなか探しきれない場合に、レインズという不動産業界のデータベースへの公開を検討します。一旦公開すると足元を見られやすいので、慎重に進めましょう。

◇不動産投資家

投資家向け専用サイトや一般向けネットを使った売却です。それぞれに掲載手順とルールが異なります。目立つ場所に掲載すれば、それなりの反応はありますが、掲載費用も必要なので注意してください。購入者としては一般の人になるので、その物件が融資に通りやすいかはとても重要です。この要素を重視して、最初から金融機関と太いパイプのある不動産屋と組むという選択もありだと思います。

◇消費者

実需とも呼ばれ、実際に住居を探している方への販売です。彼らは場所、住環境さえ気に入れば価格はあまり気にしません。最も高く売れる可能性があります。逆に言えば、場所や住環境に魅力がないと売りにくいです。

◉⑤ 売却業者：誰に売ってもらいたいのか

売却時にはついつい日頃からお世話になっている管理会社に依頼しがちです。管理会社の社内に売買専用部門があるような会社なら安心ですが、そうでなければ売買経験の豊富な不動産屋に売却を依頼する方がいいでしょう。

ここで注意しないといけないのは、売却に強い不動産屋と購入に強い不動産屋は別ということです。そのため、物件を購入する際に仲介してもらった不動産屋に売却を依頼しても売却がうまくいくかはわかりません。

このように売却には売却のノウハウがあり、きちんと売却の計画を考える必要があります。きちんと考えてから物件を売却しましょう。

発生頻度
★★★★
影響度
★★★

購入申込みは多かったが、契約までいかなかった!?

売却
4

事例 少し遠方の物件を売却した時のことです。この物件は次の物件の購入資金のために、売却期限が決まっていました。しばらくしてようやく買付が入りました。売却期限までまだゆとりがあるとホッとしました。こちらの売却希望価格に対して路線価や修繕コストなど、多少の「指値」は入っていましたが、想定の範囲内だったため、指値の金額を承諾しました。

ところが、買主と売買契約を交わし、具体的な話を進めたのですが、買主の融資が全然通りません。属性がNGだったり、物件の購入が立て続けだったりという理由もあったようですが、私の売り出した物件が古いという短所や、場所的に信用金庫が対応できないなどの事情もありました。とにかく、買付はあっても、ことごとく融資が通らないため、徐々に焦ってきました。

あまりに進まないため、私も一緒になって金融機関を探すことにしました。あちこちの金融機関をリストアップして電話をかけ、物件の運営がスムーズなことを売主自らアピールして回りました。自分の物件購入のために融資に走り回ったことはありましたが、まさか他人の融資のために汗だくになるとは……。

最終的には私が探してきたノンバンクが融資に応じてくれ、ギリギリ特約期間内で決めることができました。私も不動産屋も築古物件への融資対応が不慣れだった上、買主の経験も浅く長期化しました。

融資が決まらない間は不安もピークに達し、不動産屋を口頭で叱責することも度々でした。恥ずかしい限りです。事前によく作戦を練って売却の準備をしておくべきでした。

【解説】

事例のように売主自らが買主の融資のために汗をかくなんて聞いたことがありません（普通は不動産屋が対応します）。一人の買主の融資が通らなければ次の買主を探すのが普通で、結果的にどの買主が買おうと売主としては売れれば良いのですから。

つまり、この事例での売主の対応は、「目の前の売買契約を成立させる」ために、考えられるベストの手段に全力を注いだだけなのです。**前例があるかないかに関係なく、課題解決の姿勢と発想力は必要です。**やり方がわかっていても実際に行動するととても大変です。まさに、「知るとやるとは大違い」ということですね。

売却時の融資の重要性について認識不足だったということもありますが、事例では売主ががんばらなければ、この売却のチャンスはなくなっていたでしょう。チャンスを失っただけであればただの失敗例ですが、自ら動くことによって何とか最後は売却にこぎつけられました。ピンチをチャンスに変えることができたといっても過言ではありません。皆さんも、このように自分の行動によって打開できることもあるということを知っておいて欲しいです。

さて、この事例を通じて、売却というものの構造を考えてみましょう。その売却の構造がわかれば、物件購入時に活かすことができます。

まず、不動産屋の立場に立ってみましょう。事例のように融資が通る通らないが、売却の成否の分かれ目ですから、売りたい物件に適した融資を付けることが必要です。

自分が売主側に立ってみて初めてわかることですが、せっかくの買付が融資ＮＧで白紙に戻るととても落ち込みます。売却できるかもと期待し、盛り上がった気持ちが肩透かしになるのです。売主としては、融資での物件購入を希望する買主はやめて、現金買いの買主を優先したくなるのです。

そんな気持ちの売主に、融資に太いパイプがありますよという不動産屋が現れたら、じゃあお願いしようか、という話になるのは間違いありません。優秀な不動産屋は普段から複数の金融機関とコンタクトをとっておき、売却の意向を察知した段階で、融資のお膳立てをしているのです。売主から見ても、このような不動産屋が頼りになるのは当然です。

この売却の構造を理解すると、より一層、購入者側から見た場合の「融資付き物件」がとても良い物件だとわかるでしょう。これは買主、売主ともにありがたい物件です。不動産投資で一番大きなハードルである融資の問題がクリアできていますからね。

ただ、一つだけ注意を要するのは、**不動産屋が融資を用意するのはあくまで売買契約をスムーズに成立させるためで、買主のためではない**ということです。売主にとって買主は誰でもいいですし、さらに不動産屋にとってはもっと買主は誰でもいいのですから。

つまり、あなたがもし買主であった場合、すでに用意されている融資はあなたにとって最適な融資とは限りません。用意される融資の多くは、融資の審査があまり厳しくない金融機関が多いです。そのため、一般的には金利は高めになります。

ですから、このような「融資付き物件」を購入する場合には、きちんと金利を含めた融資の条件を確認しましょう。

このことから**売主側としては、「自分で融資のあたりを先に付けてから売却依頼する」「すぐ融資が付きそうなことをアピールする」ということができれば、スムーズな売却につながります。**

難易度は高いですが金融機関と仲良くなり、自分の物件を売却する際に買主に対して融資をしてもらえるようにできれば、かなり不動産投資の上級者と言えると思います。不動産投資の上級者を目指す人はぜひチャレンジしてみてください。

売却を経験して、不動産投資の様々な局面を体験することで、さらに購入戦略に活かす。そして購入後、蓄積したノウハウを次なる売却戦略に活かす。このように購入と売却について多くの経験を蓄えることは、不動産投資の成功への近道と言えるでしょう。

発生頻度
★
影響度
★★

売買契約時に買主が現れなかった!?

売却 5

事例　5社ほどの不動産屋に対し一般媒介で売却活動を進めていました。その中の1社で購入希望者が現れ、「指値」はありましたが、現金購入でローン特約なしだったこともあり、その人と売買契約の運びとなりました。不動産屋と買主とで、売買契約に向けてのやり取りでも大きな問題なく進んでいるとのことで順調に話は進んでいきました。

しかし、売主である私と買主とでスケジュールがどうしても合わず、持ち回りでの契約となりました。

「持ち回り契約」とは、売主と買主が異なる時間・場所で、不動産屋から、契約内容を充分に説明してもらい、その契約関係書類にそれぞれ別々に署（記）名・押印を行い契約を締結することです。通常、売主から行われるので、まず私が持ち回りでの契約を行いました。

ここまでは順調でしたが、事件は、2日後の買主の売買契約予定日で起こりました。その日は、17時から契約と聞いていたのですが、朝9時に不動産屋から「買主から、急に購入をやめたとメールがありました！」とのこと、理由をたずねると、「壁紙が少し汚れている部屋があったため」「もう少しきれいな物件が良いかな」といった内容でした。ここに至るまで、買主は物件には2度訪れており、空き部屋の室内を全て見てもらい、設備面に関しても設備状況書を用意し事前にしっかり目を通してもらっていたのに……。

結局、契約予定時刻になっても現れず、その後、連絡がとれることは二度とありませんでした。その後、少し時間がかかりましたが、最終的に他の買主にこの物件を売却できました。

【解説】

今回のケースでは、売主の私としてはここまで話の進んでいた買主に購入をして欲しかったというのが本音です。不動産は流動性があまり良くないと言われます。つまり、不動産の購入や売却には時間がかかるということです。そのため、売却すると決めたら、なるべく早く売却できるに越したことはありません。

ですから、**初めの買主と話を進めたけれど売却できなかった、次の買主と話を進めたけれど売却できなかった、そして……とズルズルいくことが売却では一番やってはいけない**ことになります。

また、不動産屋から聞いた買主が購入を断った理由では、何か致命的な問題点があるわけではなく、「何となく」という曖昧さがぬぐえませんでした。そして、「持ち回り契約」として、私がすでに署名・捺印を済ましている段階での契約破棄です。契約内容、重要事項、物件概要は、全て双方とも事前確認済で、メールにてその承諾の記録があります。

この場合の契約に対する考え方に強く関心がありました。そこで不動産取引に強い弁護士に相談し、法律のプロの見解を聞いたところ、今回の事例では「売買契約を締結していない以上、契約は成立していない」とのことでした。

話をシンプルにすると、通常の売主・買主が同席して行われる売買契約の場において、売主が署名・捺印をした後に、買主が心変わりして署名・捺印を拒否したということと同じ状況とのことです。私はここで時間を消費するのはムダと考え、今回の売買契約を忘れてすぐに売却活動を再開しました。

今回売却を担当してもらった買主側の不動産屋と買主のメール履歴を見せてもらいましたが、最低限のやり取りが行われているだけで、「買主側が何を考えているのか？」「何か不安はないか？」などの確実に契約・決済を行っていくためのコミュニケーションが充分にとられていませんでした。

この結果に関しては、不動産屋（営業担当）の能力、会社の能力が原因だと思いました。実際、その不動産屋は、従業員10名以下の収益物件中心の社員も従業員もまだまだ若い会社でした。規模の小さい会社は、大手の不動産屋に比べるとフットワークの軽さが魅力的な半面、社員教育や企業姿勢は、不安定な部分があると言えるかもしれません（一概には言えませんが）。

購入時も、売却時も、不動産屋によって特徴があるので、そのあたりも頭に入れながら、あらかじめ心構えや対策を講じておくと、より優位に取引を行っていくことが可能です。

例えば、大手のある財閥系の不動産屋では、物件を購入する際に、個人名義でなく資産管理法人名義であれば、不動産屋でなくても、ローン特約を付けることができません。また、普段マイホームなどの実需向けの不動産の売買を中心に扱っている不動産屋では、収益不動産の理解度があまり高くないため、収益不動産への目利きが悪く、売値設定を安く提案されるケースもあります。

物件を売却する際は、契約書を締結するまでは契約ではないということを肝に銘じて、契約まで不動産屋にしっかりと買主とのコミュニケーションをとってもらうようにお願いしましょう。

そして、不動産屋のコミュニケーション力に不安を感じたら、**不動産屋に買主の状況を確認しましょう。確認することで不動産屋にも緊張感が生まれ、しっかりと対応してくれる確率が高まります。**

発生頻度
★
影響度
★★★

決済時に買主のお金が足りなかった!?

売却 6

事例 アパートを購入したため、購入にかかる諸費用などによって手元の資金が少なくなりました。続けて他のアパートを購入するには資金が心細くなってきました。そのため、現金で購入した戸建てを売却して、手元の資金を増やしておこうと思いました。早速、不動産屋に戸建ての売却をお願いしました。周辺相場よりも少し高い利回りの価格で売りに出しました。するとすぐに買主が現れました。買主は融資を使わずに現金購入するとのことで、時間節約のために契約と決済を同時にすることになりました。

そして、契約&決済の日になりました。不動産屋の会議室に私と買主と司法書士が集まり、無事に売買契約が締結されました。その後、いざ、決済、つまりお金のやり取りです。買主がお金を机の上に置き始めました。銀行の帯のついた100万円の束が1つ、2つ…輪ゴムでとめた100万円の束が1つ、2つ……そして端数のお金がジャラジャラ……。買主が机の上にお金を置くのを、私と不動産屋がじっと見つめます。

不動産屋がお札を自動で確認するカウンターを持っていたため、100万円の束をカウンターで確認しました。すると、輪ゴムでとめた100万円の束の1つのカウント結果が90枚となりました。何度確認しても1万円札が10枚、つまり10万円足りません。買主が慌てだしました。カバンをゴソゴソ、財布をパカパカ、何とか10万円分を補てんしようとしているのですが、2万3000円しかでてきません。そこで急きょ買主はATMで10万円を下ろしてきて、何とか無事に決済が終わりました。結構ハラハラした経験でした。

［解説］

決済でお金が足りないことはあってはいけないことです。ですが、人間ですから失敗をすることもあります。事例では現金決済だったため、現金が不足して慌てることになりましたが、一般的には振込みによる決済のため、決済の場所は金融機関の空きスペースになります。振込みによる決済では、買主の口座から売主へ売買代金などを振り込みます。なお、不動産屋の仲介手数料や司法書士の登記費用（報酬含む）は口座から下ろして現金で支払うことが一般的です。

買主が融資を利用する場合には、融資をしてくれる金融機関の会議室で決済を行います。現金でも融資でも振込み決済であれば手順にあまり違いはありません。

事例のように決済時に買主のお金が足りないということも、振込み決済であれば通帳の残高で必要なお金が足りているかどうかがわかるので、そうそうあることではありません。ですので、皆さんは**なるべく振込み決済を行うことをオススメします。**

しかし、私たち「ふどうさんぽ」の仲間の一人に、金融機関の融資で物件を購入するケースなのに買主のお金が足りなかったことがあったそうです。１００万円単位で不足していて、事例のように簡単に他の金融機関からお金を下ろして不足分を補てんできませんでした。結局、決済日を変更して、後日、無事に決済できたのですが、決済できなかったらと思うとヒヤヒヤものです。

決済には売主、買主、司法書士、銀行員が集まるので、その買主も相当悪いことをしたと思ったのでしょう。２回目の決済の時に遅延金として少し包んできたとのことです。

発生頻度
★★
影響度
★★★

空室が多い状態で売ることになってしまった!?

売却 7

事例 当初、長期保有を考えていた一棟もの。売却の計画は全く立てていませんでした。しかも、いくつかの部屋で同時期に退去があったため、空室の数も多い状態でした。この後、空室をかっこよくデザインリフォームをして相場よりも高い家賃をとれる状態にしようと考えていた矢先、急にその物件を売却することになりました。

売却の理由は、新たに物件を購入することになり、手元に現金を用意しないといけない状況になったためです。しかも、購入希望の物件の売買契約の融資特約の期間が1ヵ月であり、1ヵ月以内に物件を売却して現金化しなければなりませんでした。

そこで、早速、不動産屋に物件の売却を相談。物件の売却価格の査定をしてもらい、その査定結果を見てビックリしました。想定していた売却希望価格よりも低い金額だったのです。

不動産屋の説明を聞くと、空室の家賃を周辺の相場を元に計算したところ私が想定していた家賃よりも少なく、その家賃で満室となった状態の家賃収入を計算するしかないとのこと。そして、計算し直した家賃収入から売却物件の近隣相場の表面利回りで割り戻すと、どうしても物件価格がこの金額になるとのことでした。

もちろん購入を希望している物件をあきらめて、売却をとりやめるという選択肢もありました。しかし、今後の不動産投資の規模の拡大のためにはどうしても欲しかったため、物件の購入を優先させて、保有している物件を売却しました。結果、無事に物件を売却でき、新しい物件を購入できてほっとしました。

【解説】

収益物件を売却する時の希望売却価格（以下、売却価格）の計算方法は、事例に記載の計算方法「年間家賃収入÷表面利回り」で算出することが一般的です。

具体的な例を用いて計算してみましょう。必要な情報は次の2つです。

・月の家賃収入（満室もしくは満室想定）：50万円
・物件のエリアの表面利回りの相場：10％

それでは早速計算してみましょう。

年間家賃収入÷表面利回り＝50万円×12ヵ月÷10％＝6000万円

ということから、この物件の売却価格は6000万円となります。

また、この計算は簡易的な計算方法なので、実際に売却をする際には、この売却価格を基に、物件のメンテナンス状況や建物や部屋の魅力など数値で表現しにくい要素も加味しながら、売主は不動産屋と相談して最終的な売却価格を確定します。

売主と不動産屋で売却価格が決まったら、早速、不動産屋がこの物件を売りものとして不動産市場に出してくれます。

その後、買主が現れ、買主と最終的な物件価格を調整し、物件価格の調整がうまくいけば売買契約をするという流れになります。そのため売却価格のままの金額で物件が売れるかどうかはわかりません。あくまで、売主と買主の納得した金額が最終的な売買金額になります。

最終的な売買金額は売主と買主の納得した金額ですが、不動産市場に売却物件を公開した時の金額を基に価格交渉をするため、最初の売却価格は基準となる大切な価格です。

その大切な売却価格の計算式をあらためて見ると、事例の売却の仕方は好ましくないことがよくわかると思います。

わかりやすく具体的に数字を使って検証してみましょう。

全10戸のアパートを売却するとします。このアパートの空室が5戸としましょう。入居者が長い間住んでいたとして5戸の月の家賃の合計が30万円（1部屋当たり6万円）とします。でも現在の家賃相場は月4万円です。そのため、月の満室想定の家賃は次のように計算されます。

《右記の具体例の家賃》

月の満室想定家賃50万円

＝入居者あり5戸の家賃30万円＋空室5戸の家賃20万円（＝相場4万円×5戸）

しかし、事例ではデザインリフォームによって家賃を高めようとしていました。デザインリフォームをしたことで月の家賃が５万円にできたとします。すると、次のようになります。

《デザインリフォーム後の家賃》
月の満室想定家賃55万円
＝入居者あり５戸の家賃30万円＋空室５戸の家賃25万円（＝デザインリフォーム済５万円×５戸）

デザインリフォーム後の家賃でアパートの売却価格を計算してみましょう。
具体例と同様に、「物件のエリアの表面利回りの相場：10％」とすると、

《デザインリフォーム後の売却価格》
売却価格６６００万円
＝年間の満室想定家賃収入÷表面利回り＝55万円×12ヵ月÷10％

となり、前述した具体例の売却価格よりデザインリフォーム後の売却価格の方が６００万円高くなります（６６００万円－６０００万円）。
あくまで売り出し時の売却価格ですから、この金額で実際に売れるかはわかりませんが、デザ

インリフォームをしてから売却した方が良いと言えると思います。

このことから、物件を売却する時の理想の状態は、

▽満室の状態であること

▽家賃が相場の上限いっぱいであること

が満たされていることだと言えます。

さらに、購入希望者からすると空室の物件は「物件に魅力がないため、入居者が集まらないのかもしれない」や「入居者が決まらない他の問題があるのかもしれない」など疑心暗鬼になる可能性もあり、良いことがありません。より良い条件で物件を売却するためには、きちんとした売却計画が必要です。皆さんはきちんと売却計画を立てて売却して欲しいと思います。

Before
売値
6,000万円
After
売値
6,600万円

発生頻度 ★★★
影響度 ★★★★

購入時に想定した売却額では売却できなかった!?

売却 8

事例 さいたまの築古戸建てを保有しているのですが、道路付けが悪いというか、実際は道路ではなく私有地持ち合いで担保評価も悪いので、購入後3年ですが売却することにしました。利回り10%、オーナーチェンジ（入居者がいる状態での売買）でいけるだろうと考えました。

駅からはバス便で遠いのですが、近くの国道沿いには大型スーパーやホームセンター、飲食店が立ち並び、住むにはいいところでした。

ところが売却をお願いした不動産屋では、なかなか決まりません。もう少し利回りが欲しいなどと言われ……。物件への問い合わせはあるにはありましたが、実需向けの自宅需要のある地区なので、オーナーチェンジではなく入居者がいない方がいいと助言されました。ですが、せっかく入っている入居者を追い出すのも気が引けました。

関東の不動産市場の活況はわかっているので、投資家の方向けなら10%を魅力と感じる方も多いと思って、投資家向けサイトへの掲載をお願いしました。投資家向け大手ポータルサイトにも掲載条件や掲載費用などの条件が色々あるようでした。

その後、物件への問い合わせは何件かあったのですが、今度は購入希望者のローンが通らないケースもあり、その後、利回りを高く設定し直して再掲載しました。

買う側から売る側になって、いい勉強をさせてもらいました。売却でも対象市場、ルートを考慮する必要があるとの教訓ですね。すぐに売らないといけないわけでもないので、この物件については気長に待っているところです。

【解説】

不動産投資は家賃収入である「インカムゲイン」と売買益である「キャピタルゲイン」の合計が投資の総リターンです。投資金額に対して、総リターンの金額が、その投資の最終評価です。

売却を経験しないと不動産投資の全体を経験したとは言えません。ところが、不動産投資では物件を購入後、その物件を売却する人が意外と少ないのです。毎月の家賃が入ってくると、売却によってこの収入を失うことが怖くなります。購入までの苦労を考えれば愛着もあります。

知っておくべきは、建物は老朽化するということ。毎年のキャッシュフローとして「減価償却費」の存在がありますが、この減価償却費は建物の老朽化の対価です。**減価償却はキャッシュアウトのない魔法の経費として歓迎されますが、本来はその分を積立（資本蓄積）すべき**なのです。

建築費５５００万円の木造アパートがあった場合、法定耐用年数は22年ですから毎年２５０万円の減価償却が発生します。この２５０万円はキャッシュフローとしてあなたの懐に入ってきますが、本来は建物の老朽化の対価として貯金すべきものです。その結果、22年後には５５００万円の積み立てとなり初期投資を回収し、いつでも建て替えられる状態となります。

この22年目以降が本当の妙味のある期間となります。建物をしっかりメンテナンスすれば30年以上は建物として十分に使えますので、その差分が本当の超過リターンとなります。

期待する価格で売却をしたい場合に、まず知っておくべきは次の２つです。

▽1　**残債利回り**

▽2　**市場の期待利回り（キャップレート）**

「残債利回り」は管理の項目でも出てきましたが、自分のローン残債に対する満室収入の利回りです。仮に満室収入が500万円で、残ったローン残高が4000万円であれば500÷4000×100＝12・5％となります。

この残債利回りが市場の期待利回り（例えば10％）を上回れば、いつでも売却が可能ということになります。この残債利回りは時間とともに変化するので、長期的なシミュレーションをすると、いつ売れればどの程度の収益になりそうかの判断材料となります。

さらに、売却の手順としては、まず管理会社が売却も対応するか確認の上、依頼先を検討すればいいでしょう。

手順としては依頼した不動産屋は、

◇①　**自分のコネクションに非公開で打診する**

◇②　**レインズ（不動産流通機構が運営している業界用の不動産情報データベース）に公開し、広く買付業者に呼びかける**

という順を踏みます。不動産投資家は安く買おうという意識が強いので、売却時には逆に値切られる側になります。物件の購入と売却という逆の立場を経験することで、不動産投資の全体を本当の意味で理解することができます。

不動産投資の王道は「積算評価で買って、収益還元で売る」です。課題のある物件を安く買い、リフォームなどで満室にして、利回りを改善した上で収益還元にて売ることが一つのパターンです。もし、**売らずに持ち続けるとしても、購入時から出口をイメージすることはとても大切**です。

安い土地を探し新築で長めのローンを組み、10％以上の利回りを狙うという作戦などもありますが、新築の場合は常に新築プレミアムの効果が切れた時にいくらで売れるのかを考えておく必要があります。売りにくくなる前に売却してしまうのも立派な戦略です。売らずに長期で回収し、土地が残ればいいという戦略もありますが、その土地がいつでも売却可能なロケーションであることが条件です。

多様な出口を見据えて柔軟に行動しましょう。

◇③　投資家向けポータルサイトへの掲載

発生頻度
★★
影響度
★★★★

売却後の資金計画を考えていなかった!?

売却
9

事例 物件を売却することになりました。この物件の借入は日本政策金融公庫で行い、物件購入費用だけではなく修繕費用としての運転資金もまとめて借りていました。いわゆる「オーバーローン」でした。

縁あってこの物件に買値より高く買いたい希望者が現れたため、軽い気持ちで売却することにしました。売却資金で今度はもっと大きな物件が買えそう、ラッキー！ と思っていました。

売買契約を結び、決済に向けて不動産屋がつくった資金の精算表を見てビックリ！ 何とお金が足りません!! 物件の売却益は出るものの、運転資金を含めた総借入額より売却価格が下だったのです。日本政策金融公庫に返済できない！

信じられないでしょうが高値で売れることですっかり舞い上がり、全体を見ていなかったのです。高く売れたのに、お金を用意しないと決済できない……。何とか資金繰りをして返済額を賄うことができましたが、本当に焦りました。

売却後、しばらくして短期譲渡の税金も払うこととなり、しばらくの間、資金繰りでヒーヒー言っていました。

資金繰りまでは不動産屋は面倒を見てくれません。しっかりと考えておかないといけないです。不動産では黒字倒産することもあるということをこの時実感しました。せめて月単位でもいいから資金繰りの見通しを立てておくべきでした。こんな声が聞こえてきそうです、「当たり前だろ！」。ホントそうですよねえ……。

［解説］

「オーバーローン」の資金繰りを深く考えてなかったのは失敗でした。それと、他の売却事例にもあるように税金のタイムラグ（時間差）には注意が必要です。

譲渡の税金とは何か、資金繰りとの関連をきちんと押さえましょう。

譲渡の税金とはその名の通り、譲渡所得に対しての税金です。

譲渡所得＝売却金額－（取得費＋譲渡費用）

となります。

「取得費」とはその物件の購入代金だけではなく、＋購入時手数料＋改良費＋設備費－減価償却、で計算します。「改良費」「設備費」は購入後に、建物を修繕した資本的支出です。そして最後に、購入から売却までの期間の「減価償却費」が差し引かれます。

「譲渡費用」とは、その物件を売却するために直接かかった費用のことです。売却時の手数料などが該当します。

次ページで例を用いて説明してみましょう。

5000万円（土地4000万円、建物1000万円）の築20年の木造の物件を購入して、3年後に購入時と同じ5000万円で売却したとします。手数料や諸経費は購入時も売却時も100万円で、資本的支出はなかったとします。

購入時耐用年数＝22年－20年＋（20年×20％）＝6年
減価償却費＝建物1000万円×経過年数3年÷耐用年数6年＝500万円
取得費＝購入代金5000万円＋購入時手数料100万円＋改良費・設備費ゼロ
－減価償却費500万円＝帳簿上の残存価格4600万円
譲渡所得＝売却5000万円－取得費4600万円－売却時手数料100万円＝300万円

個人の譲渡の税率は次の2種類です。なお、法人は他の所得と合算して「法人税」として課税されます。

▽短期譲渡：所得税30％＋住民税9％＝39％
▽長期譲渡：所得税15％＋住民税5％＝20％
（復興特別所得税などの特別税は除く）

長期とは購入から丸５年経過した翌年の１月１日を超えるものです。購入から丸５年ではありません。そのため、今回のケースは短期譲渡に該当しますので、

短期譲渡の税金＝譲渡所得３００万円×短期譲渡の税率39％＝１１７万円

となります。

今回のケースでは５０００万円で買って、５０００万円で売り、税金が１１７万円です。しかも経費が購入時と売却時で計２００万円かかっています。右の算式の通り譲渡所得は、

売却代金５０００万円－購入代金５０００万円＝ゼロ

では計算されません。この例からも財務上の収益をよく理解する必要があります。

この財務上の収益を考慮に入れた売却目標額の設定には次のように３種類あります。

◇①　購入金額より高く売る

本来の売却益が出ます。「売却額＞購入額」ですから感覚的にもわかりやすいですね。所有期間のインカムゲイン（家賃収入）はそのまま収益に加算されます。

◇②　簿価より高く売る

財務上の利益が出ますが、投資損益としては、所有期間のインカムゲイン－（購入額－売却額）

で計算する必要があります。

◇③　ローンの残高（残債）より高く売る

これは売却の最低ラインです。ローン返済ができないと話になりません。所有してから何年後にこのラインを突破するのか、できれば購入前に把握した上で購入したいものです。

これらの財務上の収益と本来の収益との違いを知ると、不動産投資の売却の重要性がわかります。

表面利回り10％の物件を保有していたとしても、売却額によっては税金を差し引くと通算利回りが5％にダウンするかもしれません。あるいは3％に減ることもあります。税金を含めて売却損がゼロとなって初めて、インカムゲインの表面利回り10％が確定するのです。売却して最後にいくらで売れるのか、ということがとても重要なのです。建物価値の減価に敏感になる必要があります。

「ふどうさんぽ」の不動産投資の上級者が、キャッシュフローが赤字の物件を購入したことがあります。普通に考えると、そんな物件は購入しないですが、仮に3年間赤字を出し続けたとしても、その後にもっと高く売れる見通しがあれば良いわけです。

最近の関東圏のように良い物件が不動産市場にない時期にはこんなキャピタルゲインを狙うハイリスクな作戦もあり得ます（ただし、あくまで上級者向けです）。このように売却自体を投資手法として使うこともできます。

発生頻度
★
影響度
★★★

不動産の売却益を他の資産運用で失ってしまった!?

売却 10

事例 2013年あたりからのアベノミクスによる不動産価格の上昇を受けて、2014年に所有物件を1つ売却しました。保有期間はおよそ3年だったので、短期譲渡で税率39％です。

当時の売却判断基準は、

「継続保有で得られる10年分のキャッシュフロー総額＜売却から残債を引いたキャッシュ総額」

としていたため、ここから逆算して売却希望価格を決めました。

何と購入価格よりも1500万円程高く売却することができ、自分でも驚きました。ところが半年後にその物件が売却額よりさらに1500万円高値を付けて売られているのを見た時にはもっとびっくり！　不動産ってタイミングなんだとあらためて思いました。

この売買での収益が銀行口座に入金され、一時的にプールされました。夏の初め頃でした。確定申告までは後半年あるし、納税となるともっと先……ということは、このお金を普通口座に寝かしておくのはもったいない。だったら、何かで運用した方がトクだと思いました。

当時、ある株の売買で成功していたこともあり、そこにかなり資金を移しました。でも、これが大失敗！　移した資金のほとんどを株による損失で失ってしまいました。一時的な成功を自分の実力と勘違いしてしまいました。欲を出すとろくなことはありません。納税までには納税資金を何とか確保できましたが、まったく冷や汗ものでした。

ただ、もちろん妻にはこの話はナイショにしています。言えるわけないですよね……。

［解説］

不動産投資には様々な経費がかかりますが、収入と支出に結構なタイムラグ（時間のずれ）があります。そのため、資金繰りとして事前にきちんと計画をしておく必要があります。

ここで資金繰りと売却のタイミングについて考えてみましょう。

まずは不動産に関する税金です（登録免許税除く）。

▽取得時：不動産取得税→取得から6ヵ月後～1年半の間に納付
▽保有時：固定資産税→1月1日時点の所有者に対し各市町村から納税通知書が送付され、おおむね1ヵ月以内に納付
所得税→確定申告に合わせて3月15日までに納付
▽売却時：譲渡所得税→確定申告に合わせて3月15日までに納付

まさに税金のオンパレードです。しかも短期譲渡の税率は39％にもなるので、不動産は税金との闘いと言われることも納得できます。

また、**一時の収入を成功と勘違いしてはいけません。最低でも5年以上、基本的には10年経過時の状況、純資産の増加率が本当の投資実績となります。**

投資のリターンの総計は「インカムゲイン＋キャピタルゲイン」です。売却をしていないうちは、まだ投資途中とも言えます。このことは肝に銘じましょう。

売却タイミングを計る目安として、**「デッドクロス」**というものがあります。

年間のキャッシュフローは「税引き後利益＋減価償却費－元本返済額」で表されます。このうち「減価償却費－元本返済額」がプラスからゼロになりマイナスに転ずるタイミングを、デッドクロスと呼びます。

▼減価償却費＝実際にお金は出ないのに経費にできる（⇒資金繰りにプラス）
▼元本返済額＝実際にお金が出るのに経費にできない（⇒資金繰りにマイナス）

つまり、「減価償却費－元本返済額」がプラスであれば資金繰りは楽になります。逆にマイナスであれば、利益は出ていてもキャッシュフローは減少してしまいます。しかも、経費にできない元本の方が大きくても、税金計算には関係ないので、税金の支払いばかりになり、キャッシュフローが残らないという、資金繰り上とても苦しい状態になります。

難しいのは中古物件の場合、ローンは土地建物合計で組むのに対し、減価償却は建物に対してだけなので、比較的デッドクロスになりやすいということです。デッドクロスにならないに越したことはありませんが、利益が出てデッドクロスを吸収できれば問題ありません。

ちなみに、「デッドクロスへの対処法」には次のようなものがあります。

◇自己資金を入れて購入する・・・安全だが資金は減少。
◇繰り上げ返済をする・・・同右。
◇納税資金を積み上げておく・・・資金が必要。
◇ローンを元金均等で組む・・・長期的資金繰りは向上するが、最初は返済額が大。
◇ローンの借り換えで期間を伸ばす・・・返済の先延ばしであり、緊急避難策。
◇新規物件を購入し、減価償却を増やす・・・一般的手法だが、事業拡大が必要。
◇売却する・・・根本的解決。

自分の戦略と資金状況に合わせ、これらのデッドクロスへの対処法を適宜組み合わせてください。

デッドクロスとは別に**「セーフティクロス」**（安全圏）という考え方もあります。セーフティクロスは、ローンの残債が不動産価値を下回ったタイミングを安全とみなします。

◆ローン残債　＜　（再建築評価額＋路線価）

で表されますが、売却に着眼して、

◆ローン残債 ＞ 年間収入÷売却利回り（キャップレート）

で表す場合もあります。

売却利回りは市場で売却可能な利回りです。年間収入480万円の物件が表面利回り12％なら売却が確実とみなせば480万円÷12％＝4000万円　となり、この4000万円をローン残債が下回った時点がセーフティクロスとなります。できれば購入前にシミュレーションしましょう。

並行してもっと強いセーフティクロスである「残債＞路線価」を計算しておくのもいいかもしれません。

不動産投資は投資ですから、資産形成の過程においてはどこかのタイミングでリスクを取らざるを得ません。そして純資産の蓄積に合わせ物件を入れ替えリスクを小さくしていきます。皆さんも、リスクコントロールをしっかり行いましょう。

第3章

私だって、もちろん失敗している!!

―― 先輩投資家、菅井敏之氏へのインタビュー ――

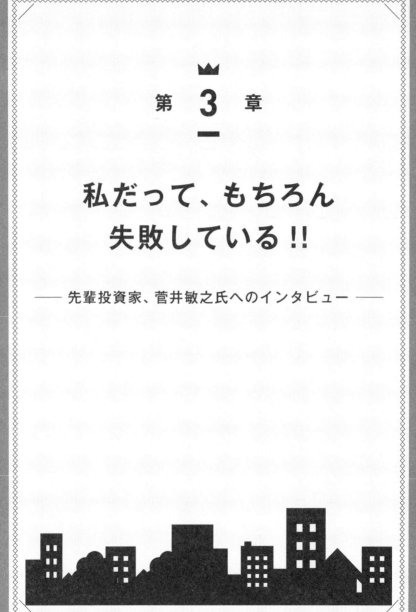

OWNER'S TALK

菅井　敏之〈すがい　としゆき〉

1960年山形生まれ。1983年、学習院大学卒業後、三井銀行（現・三井住友銀行）に入行。個人・法人取引、およびプロジェクトファイナンス事業に従事する。2003年には金沢八景支店長（横浜）に、2005年には中野支店長（東京）に就任。48歳の時に銀行を退職。その後、起業し、アパート経営に力を入れる。複数の不動産物件オーナーとして、年間約7000万円の不動産収入がある。また、2012年には東京の田園調布に『SUGER COFFEE』（スジェールコーヒー）をオープンし、人気のカフェとなった。著書に『お金が貯まるのは、どっち!?』『家族のお金が増えるのは、どっち!?』（アスコム）、『一生お金に困らない人生をつくる　信頼残高の増やし方』（きずな出版）がある。

「誰にでも失敗はある？ 皆が隠したがる失敗談に隠れた成功のヒント」

私は、田園調布の『SUGER COFFEE』（スジェールコーヒー）というカフェのオーナーです。と同時に、いくつもの物件を経営している不動産オーナーでもあります。不動産投資の成功ポイントは第2章など他のページにも詳しく書かれているので、そちらもご覧ください。私は、どんな時にその成功に「魔」が差すのか、という話をしたいと思います。

どういうことかというと、皆さんに私の失敗談を聞いていただきたいのです。失敗事例というのは本人も恥ずかしがって話さないので、なかなか表に出ることはありません。「絶対儲かるから」と奥さんに大見得切ってお金を借りたご主人など、失敗したからといって「ごめん、損失を補填《ほてん》してくれる?」などと、言えるはずがありません。それで皆さん、ご自分の失敗をひた隠しにします。

だからといって、誰にも相談できずマイナスが膨れあがってにっちもさっちも行かなくなってから、ようやく「実は……」と打ち明けても遅いのです。「危ない風が吹いているな」と思ったらすぐに舵を切って方向を変えられるように、先輩たちの失敗事例を一つでも多く学ぶことが重要です。自分の失敗を白日の下にさらすのはちょっとした勇気がいりますが、私の失敗談が皆さんの成功の助けになるのであれば、こんなに嬉しいことはありません。ぜひこれらの事例を参考にして、成功への地固めをしていただきたいと思います。

驚かれるかもしれませんが、実は所有する物件のうち、ほとんどにトラブルがありました。結果的に大事に至ったものは少ないのですが、自分の迂闊《うかつ》さが原因となったものばかりではなく、いきなり他者からもたらされるトラブルもあります。つまり、初心者でも経験者でも、投資金額の大小、所有物件数の多少にかかわらず、誰でも失敗をする可能性があるということとです。始めから終わりまでスムーズに物事が運ぶのは、それだけ珍しいことなのです。

私が不動産投資を始めたキッカケは色々あるのですが、一番は「自由になりたい」ということでした。私は田舎町で、長男として生まれ育ちました。家を継ぐべし、そして年老いた両親の面倒を見るべし、というのが田舎の長男の常識です。ところが私は大学進学で東京に出てきてそのまま銀行に就職、家庭も東京で築いてしまいました。それでも、30代で母親を亡くして父が一人暮らしとなったあたりからは、実家のことが気になって仕方なかったのです。でも、銀行員だった当時は休みも少ないですし、故郷の山形と東京を何度も往復する余裕がありません。

父を東京に呼び寄せようかとも思いましたが、年をとってから故郷を離れるのは辛いだろうと思いました。そこで年老いた父と頻繁に会えるような環境を整えたいと考えたのです。「自由な生き方」として参考にしたのは、勤め先のメガバンクの営業で出会う富裕層の方たちでした。彼らのほとんどが不動産を所有していましたが、意外なことに、そのうちの何人かは、地主の家系ではない方でした。つまり、私のようなサラリーマンでも不動産経営者になれることに気づいたのです。そこで、まず不動産を手に入れ、大家業を始めました。

現在までに、いくつかの不動産を経営しています。そのうち、皆さんにお話したい事例は、世田谷区、横浜市、さいたま市、そしてつくば市の物件についてです。私の失敗から学んで頂きたいことは、２つあります。

一つは、とても基本的なことですが、「正しい知識を身につけ、正しくふるまうことの重要性」。そしてもう一つは、「優れた業者、特に優秀な管理会社との出会いが成功のカギ」ということです。

１棟目は、世田谷区の人気エリアにある駅から歩いて３分の新築。近隣は商業地域で40坪、１戸当たり８万円程度／月相場、４階建て13部屋。初心者にはあり得ない好物件でした。

当時の私は50歳までに退職して不動産投資を主な収入源として生きていくことを目標としており、毎週末を不動産業者巡りでつぶすという生活でした。すると、たまたま一番近所の不動産業者から、駅チカの『土地』を紹介してもらったのです。建て売り物件ではなく土地、つまり、自分で建物を建てなければならないわけです。これは、一見大変なようですが、当時の私が考えるベストなやり方でした。リスクは大きいのですが、利回りもアップします。駅から徒歩３分という好条件に新築・重量鉄骨という要素が加わるので、利回りは概算で10％を超えるものでした。

こんな良い物件があれば、通常は一般の方に情報が流れる前に業者が押さえてしまいます。土地から建てることによって、初心者には絶対にまわってこない好物件を手に入れたわけです。

不動産仲介業者は建築費を安く上げるために、分離発注を提案してきました。給排水、躯体、空調など、全て個別の業者と契約をすることで、中間マージンを乗せない額で工事ができます。

ところが、このプランを立てた不動産仲介業者が、工事の途中でいなくなりました。連絡がとれなくなったので事務所に行ってみたら、もぬけの殻です。何と、多額のコンサル料をふんだくって逃げてしまったのです。分離発注で様々な業者が出入りする現場を、コントロールする人がいなくなってしまいました。

怒るよりも、あまりのできごとに呆然としてしまいました。当然現場はストップ。設計士に「あなたが仕切ってくれ」と頼んだのですが、曖昧《あいまい》な返事で全く頼りになりません。予算内に収めるためには、自分で現場をまわすしかなくなりました。私は建築の素人です。銀行で毎日働いている私が現場をまわす？　そんなこと、できるわけありませんね。

結局、見るに見かねた内装業者の社長さんが親方を引き請けてくださり、ことなきを得ました。でも工期は遅れに遅れて、12月末だった竣工が3月中旬になってしまいました。すでに前の住まいを引き払って待機していた入居者もおり、色々な方にご迷惑をおかけする結果になってしまいました。

こういったトラブルは、2重ローンになって返済に苦しむケースにもなりかねません。知人にも、途中で業者が倒産して2重ローンとなり、25年間もローンを払い続けている方がいらっしゃいます。ローンの残りは、まだ数千万円もあるのだとか。他人事ながら、血の気が引く思いです。そうなればもう、見栄も外聞もなく物件を手放すしかありません。「人にバレないうちに何とかプラスに転じたい」などと思って引っ張れば引っ張るほど、被害が拡大します。

建築関係は非常に倒産の多い業界ですので、要注意です。物件が完成しても、その後に倒産してメンテナンスをしてくれる業者がいない、などということもあり得ます。大手は一見信頼できそうですが、マージンを乗せられて割高になります。ですので、地元で多くの信頼を集めている工務店など、確実な業者を探してください。大手の下請けをしている中堅の会社にリレーションを持った管理会社や銀行に紹介してもらうのがベストです。

２棟目は、購入後に追加工事、つまり高額の追加費用が発生した、というケースです。しかし、こちらは「災い転じて福となす」トラブルでした。

横浜市の繁華街にある土地を購入しました。仲介業者から建売業者へ手配した土地だったのですが、建売業者が建物を建てる資金を調達できず、「土地を買い取ってくれないか」と頼み込んできたのです。駅から5分、５階建てもＯＫということで、ＲＣ構造、利回り10％前後でいく予定でした。早速、銀行から融資を受け、建築コンサルタントにコンサル代を払って協力してもらって計画を進めました。

ところが、着工してしばらくしたら、施工会社が「見積りが１０００万円変わってしまった」と言ってきました。地盤の問題で新たな費用が発生したというのです。銀行に追加融資をお願いすることを考えましたが、いったん稟議が通った後の案件に追加で申し込むことは気が引けました。かといって、自己資金を毀損《きそん》するのは嫌でした。当時も自己資金はありましたが、すぐに動かせる額としてある程度は手元に置いておきたかったのです。

苦肉の策として私が思いついたのは、「リースを活用する」ということでした。新築の建物は、給排水設備、空調設備などリース対象となる箇所があります。つまり、銀行に１０００万円の新たな融資を頼むのではなく、設備の一部をリースにして、その費用として１０００万円を分割で支払っていくようなイメージです。支払いはローンと合わせて２口になるのでキャッシュフローは悪くなるのですが、当時はまだ銀行員で、手残り減はさほど苦ではありませんでした。

そして、実際やってみてわかったことですが、リースにするメリットが多数あるのです。まず、リース代は経費として落とせるので、所得税を抑えることができます。サラリーマン経営者にとってはありがたい限りです。また、リースは8年間なのですが、15年かかる内装の減価償却を7年早めたのと同じ計算になります。リースが早期償却につながるというのは、やってみるまでは気づかない大きなメリットでした。

8年間さほど手残りはなかったのですが、自己資金を温存する形で新築ＲＣを手に入れることができました。

この時はたまたま地盤の関係という事情での追加工事でしたが、中には、安い見積りを出しておいて、工事が始まってから色々な理由をつけて費用をつり上げるような悪質な業者もいると聞きます。そのような業者にひっかからないためには、管理会社や銀行に施工会社を紹介してもらうのが安心です。

施工会社の中には、私たちのようなサラリーマン経営者のことを「カモ」だと思っている者も少なくないのです。そういう業者は、素人とわかればいくらでもふっかけてきます。ところが、管理会社や銀行からの紹介となればそうはいきません。下手な工事をすれば、次の受注はなくなります。信頼の輪の中で事業を組み立てていくことが大事です。

経営者になられる方は、経済的にも能力的にも自信のある方が多いのではと思います。私自身も、20年近く勤めてきた銀行で人を見る目を養っているから、そこらの業者に騙されるような人間ではない、という自信がありました。しかし、そういった過信こそ足元をすくわれる原因となります。建築のことを知り尽くした業者から見れば素人は素人、いくらでも騙すことができます。自分を過信せず、信頼できる管理会社や銀行に相談しましょう。

3棟目は、不動産仲間が買う予定だった物件を購入したケースです。

このケースで言いたいことはたった一つ、「嘘は絶対についてはいけない」ということです。

さいたま市の主要ターミナル駅から徒歩8分、2×4（木造）、ワンルーム、全9戸、利回りは10％を超えていました。そこは、私ではなく、別の不動産投資仲間が所有する予定の物件でした。

ある日、突然仲間からSOSの連絡が来ました。「俺が買う予定だった物件を買ってくれ！」と。しかも、今すぐ買って欲しいというのです。

驚いて事情を聞いたら、とんでもない事実が判明しました。彼は、2つの銀行に同時に別物件の融資の申請をしていたのです。しかも、他にもう1棟買おうとしていることは黙ったままで。つまり、融資記録が残る前に他の銀行と話を進め、両方の契約を同時に行おうとしていました。

ところが、明日が物件の決済という日にそれがバレてしまい、融資を受ける予定だった銀行から出入り禁止を食らったのです。「銀行も業者も、弁償だと怒っているんだ」と、完全にパニックを起こしていました。

これではもちろん物件を購入することはできませんが、それ自体は大したマイナスではありません。怖いのは直前キャンセルによるペナルティで、銀行のブラックリストに載ることと、手付金の倍返しです。せっかく信頼関係を築いてきた銀行から二度と融資を受けることができない。これはとても笑える話ではありませんね。だから恥も外聞もなく、私に泣きついてきたのです。

そこで急いで物件を見に行ったのですが、これがなかなか良い建物だったのです。仲間を助けたいという気持ちももちろんありましたが、何より銀行員を引退する50歳までには後２棟欲しいと思っていたので、購入を決めました。

銀行に嘘をついて融資を受けることを「裏技」と呼び、まるで賢いテクニックのように紹介する人を見かけます。不動産仲間の懇親会などでその「裏技」とやらを鼻高々に披露するのですが、それは裏技でも何でもなく「違反行為」、つまり、詐欺です。詐欺までして多数の物件を持つメリットがありますか?

不動産投資に裏技などなく、嘘がバレれば重いペナルティが待っているだけです。今回はまだ購入前だったので、私が助けなかったとしても手付けの倍返しと出入り禁止で済みますが、購入後にバレた場合は銀行融資の期限の利益が喪失します。

会社のプロパーローンは、個人情報には記載されません。それで、不動産保有会社を物件毎にいくつも作ってその名義で不動産を買いまくる、というのが裏技として流行っています。バレれば期限の利益は喪失します。つまり銀行から「今すぐ返せ」と言われるのです。任意売却し、損失が残ればその債務を何年かかけて返していかなければなりません。「金持ち父さん」になるつもりで始めたのに、「嘘つき貧乏父さん」になったのでは、家族に顔向けできません。

2016年1月から、マイナンバー制度が施行されました。そうなれば、プロパーローンも個人情報に紐付けされやすくなるでしょう。嘘はバレます。銀行を甘く見てはいけません。

また、「私は真面目だから大丈夫」という人も、要注意です。悪質なコンサルタントや仲介業者が、知識のない経営者に「裏技」として違反行為を勧める場合もあるからです。彼らは自分たちに儲けが出れば何でもいいので、経営者のリスクなど考えていません。ことが起きて罰せられるのは私たち経営者で、その頃彼らはとっくに事務所を引き払い、別の場所で次のカモを騙していることでしょう。

そういう輩《やから》に引っかからないためには、真面目なだけではダメなのです。きちんと勉強して知識を身につけ、詐欺の片棒を担がされないように防御しましょう。

4棟目は、つくばの築浅RC物件でした。大地震のリスクを加味して地域分散を考え、東京以外の物件を探したのです。

インターネットのサイトで見つけたマンションで、16部屋、利回り10%程度、オシャレなデザイナーズ物件でした。周囲は多数の研究機関があり、高学歴、高収入の方たちが住むエリアです。土地が広く、窓からは花畑が見えるなど立地も良く、木造の多いつくばでは珍しいRCとあって、「これはいける」と思いました。必ずキャッシュフローを生みだしてくれると考えて契約したのです。

買った当時は、仲介業者から紹介された管理会社に管理をお願いしていました。ところが、購入して半年くらいで一気に6室も空室となってしまったのです。

真っ青になりました。どんなに綺麗でカッコいいマンションでも、入居者がいなければ借金の塊でしかありません。当時の私は、物件が良く、自分自身が有能であれば満室になる、と思い込んでいた節があります。でも、そんなことはないのです。

慌てて1時間半かけてつくばに出向き、管理会社に相談したのですが、「こちらも色々がんばっているんですけどねぇ……」と答えるばかりで、何も手を打ってくれません。そのあまりに頼りない対応に、膝から力が抜けていきました。

困り果てて、新たに同じエリアの管理会社を探しました。インターネットによる集客に力を入れていそうな管理会社を見つけ、早速電話で相談したのです。すると、わずか2日後に物件の問題点と課題を書いたレポートを送ってきました。その内容は、入居率を意識し、入居者ターゲットや家賃設定を明確にしたものでした。空室を減らすためには、入居者ニーズを満たすことが何よりも大事だということを、ちゃんと理解していたのです。

その迅速で的確な対応を見て、思わず涙が出たのを覚えています。一気に6室も空きが出て、管理会社も頼りにならないという心細い状況に、ようやく明かりが見えたのです。「このまま費用ばかりがかさむようになってしまったら……」と絶望していた私にとって、信頼できる管理会社との新たな出会いは、それほど嬉しいことでした。

すぐにそちらの管理会社に契約を切り替えたところ、わずか2ヵ月で満室になりました。今回の失敗は、自宅から遠方の物件を購入したにもかかわらず、管理会社の選び方が雑だったことです。問題が起きるたびに1時間半かけて出向かなければならないのは大きなストレスとなります。それでも同じ関東なのでまだ何とかなりましたが、もっと遠方の物件などだったら、と思うとゾッとします。

都会のサラリーマンが購入する場合、都会の物件はあまりに高額で、現実的ではなくなってしまいました。地方の中核エリアに購入するのがお勧めなのですが、まずそこに信頼できる管理会社がいるのか、というところを真っ先に調べるべきです。

繰り返しになりますが、不動産経営は、いかに優れた管理会社に出会うかがカギとなります。私も最初はそうでしたが、「物件を探す→銀行で融資決済をもらう→管理会社を探す」という順序で考えている方が多いのではないかと思います。私の今の方法は、全く逆です。「まず、信頼できる管理会社を探し、銀行を紹介してもらい、どのくらいの規模の物件を買えるかを把握した上で、仲介会社や管理会社に物件を紹介してもらう」のです。

優秀な管理会社を見極めるポイントは、4つあります。

1つ目は、入居率を即答できるか、数字で目標を語れるか、ということ。これは、「目的意識を持っているか」ということとイコールです。優秀な営業マンは数字にこだわりますが、頼りにならない管理会社は数字にこだわらず、何を聞いても答えが曖昧なのです。

2つ目は、報連相。報告、連絡、相談をきちんと行ってくれているかどうか、ということ。コミュニケーション能力が高いということは、信頼を築くための大前提です。

3つ目は、社内で入居者募集の方法がルール化されているかということ。カリスマ営業マンの属人的能力に依存するのではなく、たとえ担当者が途中で退職しても、広告料は仲介業者に還付するなど社内に募集の仕組みが整っていれば、安心して任せることができます。こういう業者は、社員教育はもちろん、「オーナー教育」も充実しています。オーナーがダメだと物件もダメになってしまうことをよくわかっているのです。慣れない経営者にも、入居者の視点でどんな物件が快適か、それを保つためには何が必要かを教えてくれます。

4つ目は、入店した時の雰囲気。基本的なことですが、やはり雰囲気が悪いところは従業員のモチベーションが低かったりトラブルが多かったりと、あまり良い結果にはならないのではないかと思います。また、実際に管理している物件を見させてもらって、共用部の清掃状態などを確認するのも良いでしょう。

管理会社に物件を紹介してもらうことで、素人ではお目にかかれない優良物件とも出会えますし、管理会社に銀行を紹介してもらうことで、銀行との取引もスムーズになります。銀行、仲介業者との接触は限定的ですが、管理会社とは長いお付き合いになるので、彼らとの信頼関係を築くことが最重要だと考えてください。特に、地方は競争が少ない分、がんばっている業者と殿様商売をしている業者の差が激しいので、選択を間違わないようにしてください。

いかがでしたでしょうか。経験者にしかわからない失敗談は、必ずや皆さんのお役に立てるのではないかと思います。色々な方が様々な本でご自分のやり方を書かれているのを読むと、「結局どうすればいいのか」と迷ってしまうと思います。それぞれの属性や、投資知識、どこに住んでいるか、付き合う銀行によって、やり方は全部変わってきますので、実は全員に当てはまる「これ」という方法はないのです。

しかし、「失敗」は再現性があるので、誰がどんな物件でどのような失敗したのか、を勉強するのは非常に有意義だと思います。皆さんも、身近な先輩たちから失敗事例を聞き出してみてください。きっと、また新たな発見があるのではないかと思います。

第 4 章

“成功”のために失敗に立ち向かおう!!

失敗事例を通じてわかること 原因は「自分」と「それ以外」に集約できる

さて、第2章では様々な不動産投資家さんの失敗事例、そして第3章では先輩不動産投資家の菅井敏之さんの失敗談を読んでいただきました。あれだけ多くの失敗事例の数がありながら、それぞれ失敗の原因が様々であり、ありとあらゆるところに失敗の芽が潜んでいることがお分かりいただけたかと思います。

また一方で、多くの失敗があっても、その根っ子は一つであることにも気づけたのではないでしょうか。

対応策もどれも違うようでいて、実は根本的には原因も解決法も同じなのです。

失敗の原因は、「自分」と「それ以外」と大きく2つに分かれます。

そして、「自分」はさらに、知識、ビジネススキル、経験、投資や経営者としての資質などの内面的なことと、資産や融資の決め手になる経歴などの外面的なことに分かれます。「それ以外」というのは、業者の質や付き合い方、不動産投資仲間とのつながりなどです。

失敗を未然に防ぐ、あるいは小さく終わらせるには、知識やスキルを自分で磨き、資産を増やし、融資を受けられるよう周囲をクリーンにし、業者を見る目を肥やし、仲間とのつながりを大切にする、という基本的なことが非常に大切になります。

例えば、第2章「購入2」の事例は、不動産仲介業者との関係がうまくいっていなかったことが原因となっています。この手の失敗は今回の事例でも非常に多いですね。それだけ優良な業者との出会いは大切なポイントなのです。このケースはオーナーの押しの強さでことなきを得ていますが、相手の言うことに飲まれるタイプのオーナーなら、危なかったと思います。

また、「購入13」の事例は自分の知識が足りなかったケースです。ハザードマップをチェックすることは不動産購入の基礎ですが、知識がなければ軽視しがちです。その他にも「購入6」や「同11」など知識不足で苦労するケースは多数あります。

まずは当たり前ですが、**不動産の基礎を勉強し、自己資金を想定より多めに蓄えておきます。そして、優良な業者や不動産投資仲間と情報交換をできる環境を作ります。**さらに、法やルールについて熟知すること、ズルをしないでそれを遵守すること、建物や土地の価値を過信しないこと、経年後の的確な想定をすること、ノリや気分、人間関係などに流されず、しっかりと状況を見極め、自分で考え自分で決めることなど、どれも基本的なことですが、しっかり胸に刻んで投資をしてほしいと思います。

他にも失敗事例から対策の法則に気づかれたら、それを実践しましょう。

何はさておき、**失敗がある前提で動き始めることが大事です。そして、実際にことが起きたら問題を乗り切ることでピンチをチャンスに変えるのです。**失敗しそうな状態こそ、物事の本質を学習できるチャンスです。

不動産投資のピンチを救うのは、仲間たち 投資仲間とのつながりが成功のコツ！

不動産をとりまく状況は年を追うごとに変化します。土地の評価額の変動や経年劣化もありますし、入居者の入れ替え、管理会社の変更などによっても変わります。

今の段階で「うまく行っているからこんな本は必要ないよ」と思っていても、来年、再来年と時を経ていくうち、必ず役に立つ時が来ます。第2章で学んだ対応策の中には事前に準備しておける内容もありました。**予防策として事前対応が可能なトラブルもあります。今のうちに準備しておくのが確実です。失敗の芽はいつどこに顔を出すのかわからないのです。**

失敗への対策を考える時に大切なのは、同じ不動産投資をしている仲間たちです。仲間といってもただ知り合えば仲間というわけではなく、信頼関係がある人たちのことです。

誰かが相談してきたら親身になって答え、誰かに相談すれば親身になって答えてくれる。

そういう人間関係を作っておくことで、失敗も失敗ではなく貴重な経験になります。

投資は孤独です。一人で決断し一人で動き、良い結果も悪い結果も一人で責任を背負うのです。第1章では不動産投資は経営の側面があるとお話ししましたが、一般的に経営者は、常に他の経営者と友人関係を築いて情報交換をしています。経営者にしかわからない困難を、同じ経営者と分かち合うのです。

不動産投資も、物件のオーナー同士で情報交換をして励まし合うことで、孤独な投資生活がうまくいきます。お金の計算だけではなく、より楽しくやっていくことが、投資を成功させるコツです

不動産投資の仲間を見つけるには、セミナーや不動産投資家が集まるサークル、勉強会などに参加するのが良いでしょう。そこには自分と同じような不動産投資の初心者から、すでに成功を収めている先輩まで知り合うことができます。

「地方に住んでいてセミナーなどない」という方も、最初のうちは時間とお金をかけて都会に出向いてでも、サークルや勉強会、セミナーなどに参加してネットワークを作ってください。かけた時間とお金以上の価値ある人脈を得ることができるはずです。私たちの「ふどうさんぽ」も地方遠征をしていますし、そのようなチャンスは逃さずゲットしましょう。

他では聞けない貴重な失敗談を得るという着実なステップを踏み出した皆さんは、もう不動産投資の成功者としての一歩を踏み出しました。一緒に目標まで走っていきましょう。

おわりに

不動産投資の失敗事例をまとめた本書をお読みいただき、ありがとうございました。

私たちがこの本を企画した動機は、「不動産投資を行うには失敗事例を学ぶことが大事なのに、そのことを体系立てて書いた本がない」ということに尽きます。

失敗は確かに人には言いづらく、聞く方も気をつかってしまい、あまり質問もできなかったりします。だから直接顔の見えない「本」という形なら恥ずかしくなく話せるだろうと、「ふどうさんぽ」の仲間に声をかけ、失敗事例をオープンにして、皆さんに共有しようと考えました。

この本では、ありとあらゆるケースを網羅した失敗事例が記載してあります。**購入して読んで終わり、ではなく、今後も不動産投資に関わるかぎり、常に手元に置いて何度も読み返して辞典のように活用**してもらいたいです。失敗事例と解決法がキーワードを見ただけで思い浮かぶくらい、何度も読み返して欲しいのです。

そして、不動産投資をするにあたり、問題が起きるたびにページを開いて、似た事例がなかったかということを確認してください。全く同じ事例がなかったとしても、必ず何かのヒントがあると思います。

この本は、何をしていいのかわからない初心者から、複数の物件を所有したものの、いまひとつ先が見えない経験者まで、どなたにも使っていただけるよう、様々なシチュエーションの失敗事例を集めました。

ここまでの失敗事例を収集するために私が協力を仰いだのは、ふどうさんぽで出会った1000人を超える仲間たちです。

第4章で書いたことの繰り返しになってしまいますが、不動産投資家は孤独な経営者であるため、仲間の存在はとても大切です。

不動産投資は、誰にでもできます。性別、年齢、職業、学歴、出身地、住んでいるエリア、経験など全く関係なくチャレンジできます。その特性を、活かさない手はありません。

同じような人たちばかりでは解決法が思いつかず乗り越えられないことも、様々な立場の人たちと情報を交換し合うことで、助け合うことができるのです。

ふどうさんぽをはじめ、全国に様々な不動産投資サークルや、勉強会が存在します。すぐに仲間をつくって、意見を交換して助け合いましょう。

ふどうさんぽでも、毎回新しいメンバーを歓迎しています。今後は、地方に出張する機会もどんどんつくっていくと思いますので、ふどうさんぽのホームページ「http://www.hito-inc.com/fudousanpo/」にアクセスして、ぜひとも仲間になっていただけると嬉しいです。

今回本書に協力してくれた菅井敏之さん、本を編集してくれた日本実業出版社の皆さん、そして、貴重な失敗事例をオープンにしてくれた「ふどうさんぽ」の仲間たち、多くの方々のおかげでこの本ができました。皆さん、本当にありがとうございました。

この本を通じて、一人でも多くの不動産投資家、そして不動産投資を考えている皆さんが、着実な一歩を踏み出していただけたら嬉しい限りです。

２０１５年12月吉日

御井屋　蒼大

江口栄介（えぐち　えいすけ）

1977年埼玉県出身。東京学芸大学教育学部卒。社会人10年目に会社の合併を経験し、同僚の退社を多数見届ける。自らも不当な降格を受け、サラリーマンリスクを肌で感じたことから、自分自身の未来を切り拓くべく、投資の勉強を始め、不動産事業に行き着く。2012年、年収400万円台、貯金200万円からスタートし、2年で資産3.5億円、年間家賃収入2400万円を達成。スタートから3年で資産5.8億円、年間家賃収入4400万円を達成する。賃貸併用住宅で生活費を抑え、良質な条件の物件を購入していくのが基本スタンス。キーマンとの関係を良好に保ち、リピーターとして濃い取引を続ける事業をモットーとする。

戸塚麻緒（とつか　あさお）

1980年東京都出身。高等学校卒。低学歴・派遣社員、連帯保証人の担保力ほぼゼロの低属性ながら、不労所得に憧れ2009年より不動産投資の勉強を開始。2012年3月に新築戸建てを取得。自分の物件はインコ可物件にしているセキセイインコ好き。特技は料理・お菓子・掃除から、DIY・服作り（水着から舞台衣装まで）・PC組立・英語など。「器用貧乏」から「器用金持ち」になるべき日々模索中。

伊藤　亨（いとう　きょう）

1975年生まれ。東京理科大学卒。大学卒業後、IT関連の会社での就業と並行しつつ、講師業を行う。その後、起業し、営業、コンサル、セミナー・マーケティングに従事。ビジネス展開の中でNPO事務局長、社団法人理事長、学校法人理事長などを経験。妻が不動産投資を開始した影響で、興味を持ち自社にて中古戸建てを購入。不動産関連や建物に関する知識を学習しつつ不動産事業の拡大に向けて実践中。

伊藤花夏（いとう　はな）

化学系専門学校卒業後、メーカーの研究所へ就職。成分分析、商品開発の仕事に従事する。その後、見識を広めるため、ニューヨークとサンフランシスコ、ロンドンに留学し、帰国後は商社へ入社。早期退職（リストラ）や、派遣切りを目の当たりにし、自分自身の収入源の必要性を痛感し、不動産投資を開始する。現在は、法人を設立し、不動産賃貸業を拡大している。「住む人に求められる空間づくり」を実践するため、マーケティングや建築、デザインを京都造形芸術大学にて勉強している。働く女性を支援する活動を行うべき準備中。

田口　将（たぐち　しょう）

1977年埼玉県春日部市出身。東京法律専門学校卒。学校卒業後は関東に直営店を展開する不動産屋に就職、約5年間勤務。不動産の役所調査数は約1000件。他に追随を許さない経験を誇る。その後、司法書士、宅地建物取引士、行政書士など各種資格を取得後、独立。司法書士法人の経営の傍ら、不動産売買のサポート、コンサルティング業務も行う。自身の不動産投資も積極的に拡大中。

杏　好一（あん　こういち）

1969年千葉県出身。高等学校卒。高校卒業後、一貫して建築業に従事。ほぼ全期間を現場で過ごす。職人としてゼネコン大手5社の現場でも職長としての経験を持つ。ケガに悩まされ職人としては29歳で引退。現在は建築会社で働くサラリーマン。2004年建築メーカーの現場担当の頃、初の投資物件となる全空S造3階建てを購入。しかし、引き渡し後に雨ダダ漏れであることが発覚！　やむなく外部足場から自分で組み、全て自身で修理。以降は10年間ほぼ満室稼働中。その後は小さな物件を少しずつ購入中。

【「ふどうさんぽ」出版プロジェクト事務局のメンバー】

山本常勝（やまもと　つねかつ）

1956年石川県野々市市出身。同志社大学経済学部卒。大学進学とともに実家を離れるが、社会人26歳の時に父親が2億の借金で夜逃げ。サラリーマンのかたわら返済活動に着手し、28歳で借金の完済を果たす。ビジネスとして20代後半にサラリーマンながら、友人とカービデオ企画会社を設立するも、倒産。定年の声が近づく中、50の手習いよろしく、2008年51歳で新築アパートを建築し、兼業大家業をスタート。53歳から本格的に不動産投資の勉強を始め、数多くの不動産を取得して不動産投資を拡大中。並行して金融投資も広く実践しながら、ファイナンシャル・プランナー（日本FP協会認定AFP）としても情報発信中。

栖田幾人（すだ　いくひと）

1980年生まれ。法政大学経営学部卒。経営コンサルティング会社にて、PL（プロジェクトリーダー）として組織／人事変革業務に従事。その後転職し、現在は海運会社にて営業企画として勤務。家族や友人と生涯でやりたいことをリストアップした結果、自身のサラリーマン生涯収入予測から2億円足りないことに驚愕し、自身での事業に乗り出す。不動産投資を開始し、2年半で資産6億円、年間家賃収入5200万円（満室想定）を達成する。市況に合わせ柔軟に出資する投資スタンスが特徴。取得物件の特性も、新築／築古／RC／木造／テナント／寄宿舎／全空物件／都心/郊外、と多岐に渡る。出資先の破綻や、手付金詐欺、長期滞納、売買仲介会社の蒸発など、様々な不運を好転させ楽しい投資ライフを送っている。また、不動産投資に付随した新規事業も手掛け、活動の幅を広げている。

辰実　健（たつみ　けん）

1980年京都市出身。京都大学大学院修了。大学院卒業後、広告代理店に就職。忙しいながらもそれなりに充実した生活を送っていたが子供ができたのをきっかけに、ワークライフバランスや日々の長時間労働に疑問を持つ。何があっても家族を養うことのできる持続的な収入、そして自身と家族との時間を得るために、2013年不動産事業を開始。賃貸併用住宅の取得を皮切りに、2年間で3億の資産、年間賃料収入2800万円を実現。妻と子供の4人を養いながら、さらなる物件取得のために日々奮闘中！　事業スタイルは、土地取得からの新築建設（今後はマンションの建設を予定）に中古物件を絡めたキャッシュフローと安定性を重視したスタイル。

【監修者】

御井屋蒼大（みいや　そうだい）

1978年生まれ。不動産投資サークル「ふどうさんぽ」を主宰。九州大学大学院卒業後、大手損害保険会社を経て、大手経営コンサルティングファームに就職。会社勤務の傍ら、手元の資金300万円で賃貸併用住宅を取得し、家賃ゼロの生活を実現。その後、本格的に不動産投資を開始し、2年で14件の不動産を取得、資産3億円、年間家賃収入約2700万円（満室想定）を達成。資産を2年で約100倍にする。さらに不動産を順調に増やし、4年で資産7億円、年間家賃収入約7200万円（満室想定）を実現。現在はサラリーマンを卒業し、不動産賃貸業、講師紹介業など精力的に活動中。

著書に、『300万円を2年で3億円にしたサラリーマンのドキドキ不動産投資録』（SBクリエイティブ）、『借金ゼロで始める「都市部一戸建て」投資法』（日本実業出版社）、『家賃も住宅ローンも払わずに家に住む7つの方法』（自由国民社）などがある。

御井屋蒼大のFacebook

　https://www.facebook.com/fudousanpo

HITO株式会社（講師紹介業）のHP　http://www.hito-inc.com/

【第３章インタビュー】

菅井敏之（すがい　としゆき）

1960年山形生まれ。1983年、学習院大学卒業後、三井銀行（現・三井住友銀行）に入行。個人・法人取引、およびプロジェクトファイナンス事業に従事する。2003年には金沢八景支店長（横浜）に、2005年には中野支店長（東京）に就任。48歳の時に銀行を退職。その後、起業し、アパート経営に力を入れる。複数の不動産物件オーナーとして、年間約7000万円の不動産収入がある。また、2012年には東京の田園調布に『SUGER COFFEE』（スジェールコーヒー）をオープンし、人気のカフェとなった。

著書に、『お金が貯まるのは、どっち!?』『家族のお金が増えるのは、どっち!?』（アスコム）、『一生お金に困らない人生をつくる　信頼残高の増やし方』（きずな出版）がある。

【編著】

ふどうさんぽ

「ふどうさんぽ」は、サークルのメンバーと一緒に不動産を見ながら街を散歩する不動産投資サークル。ボランティアで運営し、参加費は原則無料。メンバーは1200名超(2015年12月時点)。さんぽ仲間と歩きながら話をすることで会話が活発になり、より多くの仲間と情報交換できるなど、散歩ならではの効果がある。不動産投資に熱心なメンバーが多く、サラリー(給料)にとらわれずに、「人生を自分の力でコントロールできるようにする」べく、学習と実践に切磋琢磨している。また、特別なセミナーや物件見学なども行っている。

ふどうさんぽのHP　http://www.hito-inc.com/fudousanpo/

失敗事例《しっぱいじれい》に学《まな》ぶ! 「不動産投資《ふどうさんとうし》」成功《せいこう》の教科書《きょうかしょ》

2015年 12月 20日　初版発行

編　著　ふどうさんぽ ©Fudousanpo 2015
監修者　御井屋蒼大 ©S.Miya 2015
発行者　吉田啓二

発行所　株式会社日本実業出版社　東京都文京区本郷3-2-12 〒113-0033
大阪市北区西天満6-8-1 〒530-0047

編集部 ☎03-3814-5651
営業部 ☎03-3814-5161
振　替　00170-1-25349
http://www.njg.co.jp/

印刷／壮光舎　製本／若林製本

この本の内容についてのお問合せは、書面かFAX(03-3818-2723)にてお願い致します。
落丁・乱丁本は、送料小社負担にて、お取り替え致します。

ISBN 978-4-534-05344-2　Printed in JAPAN

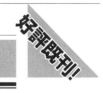

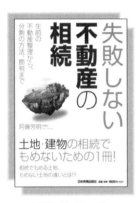

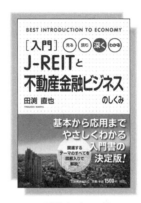

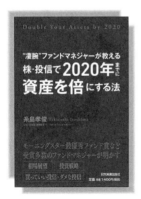

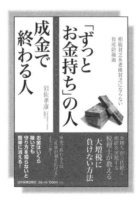